AMINOGE Nº 106

Cover PHOTO
KUNIYOSHI TAIKOU

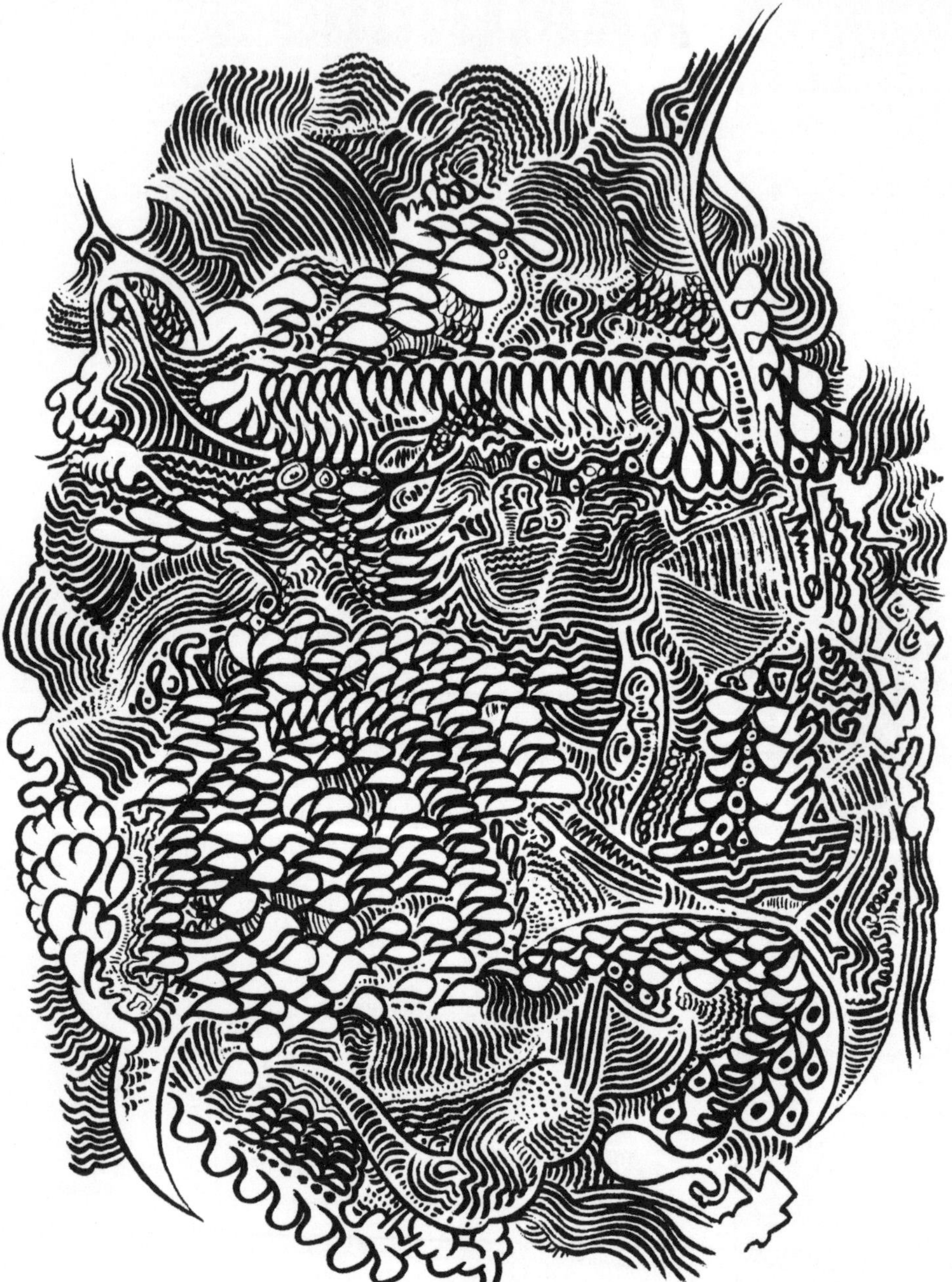

歌謡選手権
㊙
話題の失神大会!
金髪ベット
プリンスマリ
ブリシットメアー
カレンシルビア
人気抜群
ミュージック劇場

PETIT KASHIMA

俺の人生にも、一度くらい幸せなコラムがあってもいい。

VOL.105

KAMINOGE COLUMN

「いつものように煮え切らず」とは何か？

プチ鹿島

プチ鹿島（ぷち・かしま）
1970年5月23日生まれ。芸人。
TBSラジオ『東京ポッド許可局』（月曜24時～）出演中。

「政局より政策が大事」という声がよくある。新聞の社説なんかそう書いている。でも私は政局（権力闘争）も絶対に見るべきだと主張している。そこに「人間」が見えるからだ。

いざ自分が勝つか負けるかという局面に遭遇すると本性が出る。非日常での振る舞いこそ我々は目を凝らしてみておくべきなのだ。

今年の序盤から私は「菅官房長官に注目せよ」と言ってきた。ラジオやコラムなどで言い続けてきたら、本当に「ポスト安倍」の大本命に躍り出た。この号が発売される頃には新総理となっているだろう。私が菅氏に注目できたのは、なんといってもプロレスを見続けてきたおかげである。これしかない。「令和おじさん」から始まった、菅氏からチラチラ見える野心の行間を私なりに読んでいたら、安倍首相辞任というタイミングで誰よりも早く仕掛けてきた。それが今回の自民党総裁選だった。自分の見立てが当たるのは「観客」として快感だ。

少年時代、私はいつもプロレス誌をむさぼり読んでいたが、父親がいつも買っていたのが『文藝春秋』と『週刊朝日』だった。プロレス誌と同時にそれらもパラパラと読んでいると政治記事がよく載っている。「田中軍団」だとか「竹下派独立」だとかの記事を読んでいたら、「まったくプロレスの軍団抗争や新団体旗揚げと同じじゃないか！」と気づいてしまったのである。

ワクワクした。私は政治もプロレスも楽しみ方がまったく同じ少年となった。私にとっては「竹下派七奉行」も「全日本四天王」も同じだった。

実際に政治とプロレスは似ている。どう主導権を握るか、どう仕掛けていくか、どうやって支持者（ファン）に訴えていくかという重要な点はほぼ同じ。特に私がプロレスから学んだモノの見方は「弱い立場から成りあがる姿」である。今回、菅氏は「秋田出身で高校卒業して上京して段ボール工場に就職」という苦労人アピールに余念がなかった。あれなんかは大仁田厚がFMWを立ち上げたときの「借りた5万円で電話線を引いた」的なアピールを思い出さずにいられなかった。

弱い立場から成りあがるリアルバージョンと言えば、3年前に「希望の党」騒動があった。小池百合子氏が考えが合わない人たちを「排除します」と言って始まった騒動だ。あのとき排除された側には枝野幸男氏らがいた。東スポは彼らを「はぐれ民進軍団」と書いた。完全に「はぐれ国際軍団」になぞらえたものだ。

プロレスファンは中心から弾かれていく人にも注目する。猪木と闘う国際軍団は笑われながらもいつしか新日本ファンの評価を上げていった。はぐれ民進軍団は枝野氏が立憲民主党を旗揚げしてブームを巻き起こした。少数派からの大化け。前田日明のリングス旗揚げもひとりぼっちだったからさらに注目された部分もあったと思う。

共通するのは腹をくくった人間は強いということ。逆に言えばどんなに恵まれた立場でもフワフワしていたら勝てない。今回の総裁選で言えば岸田文雄氏だった。これまでの自民党であれば岸田氏の所属するハト派の宏池会は安倍政治の対極にいたはずだ。しかし岸田氏はよりによって安倍首相からの「禅譲」を狙ったのである。こんな皮肉なねじれ現象はない。

しかもファンが納得しないエースの禅譲なんて政治でもプロレスでもひっくり返されるのがオチである。そんなことは岸田氏以外はわかっていたのに本人だけは「王位継承」を期待していた。誰も着けなくなったアベノマスクを最後までいじらしく着けていたのが岸田氏だった。

じつは岸田氏は2年前の総裁選も安倍首相に気を使って出馬を迷っていた。当時の新聞を見てみよう。安倍・岸田の会食の様子だ。

《「ポスト安倍」を狙う岸田が総裁選に出馬するのかどうか。これまで遠回しに腹を探ってきた安倍だったが、この日は単刀直入に切り出した。「岸田さんはどうするの?」。岸田は「どうしましょうか」といつものように煮え切らず、安倍支持を明言しなかった。》(読売2018年7月26日)。

パワーワード「いつものように煮え切らず」。岸田氏は結局出馬はしなかった。プリンスと呼ばれるほど期待されていたのにこの優柔不断。プロレス界にも似たようなキャラが過去に幾人かいたような……。

岸田氏は今回の振る舞いも同じだった。ケンカを仕掛けるのが致命的に弱くて総裁選に敗れた。ただ、注目すべきは禅譲がないと気づいた瞬間からようやく開きなおった点だ。「格差解消」など安倍政治の批判的なことを主張しだした。仕掛けるのがかなり遅かったが、先ほどの「弱い立場から成りあがる姿」を当てはめるなら、十分に恥をかいた岸田氏は怖いものはもうないはずだ。この振り子が逆に振られるようになったらおもしろい。そう、優柔不断の岸田氏だったからこそ化けるチャンスもまだあると私は考える。

武藤敬司は「プロレスはゴールのないマラソン」と言ったが、まさしく政治家もそうなのだろう。いつ誰が抜け出すかわからない。笑われている立場の人こそチャンスなのかもしれない。

そして、そんな匂いを最初に嗅ぎつけて見続けることが観客の醍醐味なんだと思う。

本流から外れた反逆の精神。
抑圧がなければ
弾ける瞬間も生まれない!!

中村獅童

［歌舞伎役者］

ボクの本質は歌舞伎であり、
歌舞伎を観たことがない人たちを
振り向かせるのが
ボクの使命であり仕事だと思う。
プロレスやロックで感じたことだったり、
映画やテレビで培ってきたことなんかが
すべてあって
中村獅童なんですよ

収録日：2020年9月11日　撮影：タイコウクニヨシ　聞き手：井上崇宏

RIBERA
Steak House
TOKYO JAPAN

「兄弟がいないからひとりでプロレスごっこをやってたんですよ。そこがボクの芝居の原点ですね」

——ボクも獅童さんと同じ1972年生まれなんですけど、やっぱりプロレスを避けては通れなかった世代ですよね。

獅童　もうさ、小学校で体育の授業でマット運動とかをやってると途中からかならずプロレスごっこが始まったもんね。思い返すと、入り口はやっぱり初代タイガーマスクで、とにかく圧巻の誰も見たことのない動きをしていて「なんだこれは!?」ってなって。プロレスの雰囲気やカラーを一瞬にして変えて、それまでプロレスすら知らなかった子どもたちを巻き込んだスターだよね。ボクも夢中になって観てましたよ。

——1981年。

獅童　お笑いでいえば、ボクらの世代は『8時だョ!全員集合』で、途中から『オレたちひょうきん族』が入ってきてね。それで1988年くらいになったら今度はバンドブームが起きて、すっかりお笑いもロックも大好きになっちゃうんだけど、プロレスは高校時代もずっと好きだった。東京生まれだから、小さい頃から会場によく観に行ってましたし。

——獅童さんはひとりっ子ですよね。

獅童　だからひとりで観に行ってたよ。それで、ひとりっ子のくせに「○○ごっこ」っていうのが凄い好きで、兄弟がいないからひとりでプロレスごっこをするんですよ。クッション相手に闘って、前半はずっとやられてるの。それで後半から盛り返していって、ボクは本名が小川だから「おっがっわ!　おっがっわ!」って自分でコールして応援しながら闘うんだけど（笑）。

——それ、ボクもひとりでやってました。4人兄弟だけど（笑）。

獅童　ひとりで「うわ〜っ!」って凄い苦しんでるの。ボクの芝居の原点はそこですよ。

——ひとりプロレスが役者の原点（笑）。

獅童　「ないものを相手にする」っていうのは、役者にとって大事な想像力を養ってくれたよね。そう思うと役者ってのは天職なのかな（笑）。あんなの、もし家族とかに見つかってたらノイローゼだと思われてますよ。「なんか部屋からうめき声が聞こえない……?」みたいな。それで挙句の果てにはリビングでブリッジして、お母さんに上に乗ってもらったりしてたからね（笑）。

——アハハハハ。小学生のときですか?

獅童　そう。「お母さん、乗って!」って言って（笑）。それで学校にちょっと大人っぽい子がいて、その子から「プロレスってのは全日が王道なんだよ」みたいな話をさんざん聞かされているうちに、ボクも影響を受けやすいから、それまで新日ばっかだったのが全日も観始めて。それでそいつは「いちばん強いのはジャンボ鶴田だ」って力説するわけ。全日って新日とはカラーが全然違ったけど、意外とハマって、初めてプロレスを観に行ったのが1984年3月24日の蔵前国技館。三大決戦っていうのがあって、ニック・ボックウィンクルvsジャンボ鶴田のAWA戦、天龍源一郎vsテッド・デビアスのUNヘビー級、マイティ井上vsマジック・ドラゴンのNWAインタナショナルジュニアのタイトルマッチだったんだけど。

——すげえ憶えてますね。

獅童　新宿伊勢丹のプレイガイドで前売りを買ったんだけど、小中学生の指定席みたいなのが3000円くらいだったかな？　もう毎日ドキドキして、ずっとカレンダーとにらめっこして、その日が来るのを待ちきれないっていうのはこういうことだなと。それでいよいよ当日、ひとりで都営浅草線に乗って蔵前に行くんだけど、いま思い返しても感動っていうか。まず、テレビでしか観たことがなかったから「リングって意外と小せえんだな」って思って。

——うわっ、ボクもプロレスを初観戦したときの第一印象はそれでしたよ。

獅童　そうだよね。とにかくこの目でリングを見たときは感動しましたよ。それで第1試合が冬木弘道vsターザン後藤だったんだけど、もう前座の試合から興奮して釘づけになって観てて、ドロップキックしたあとマットに着地したときのダーン！っていう音とか、ひとつひとつが衝撃だったの。それであの日、ボクみたいにひとりで来ていた同じ歳くらいの男の子と、全試合が終わって帰るときに都営浅草線に乗るまでの道のりで友達になったんだよ。それで肩を組んでさ、「うぉー！」ってやってたんだけど。

——その光景を想像するとグッときますね。そこでちょっとプロレストークなんかして。

獅童　そう。超気が合って、タイガー・ジェット・シンのモノマネとかをふたりでやって。それで電車に乗って「バイバイ！じゃあね！」って別れたんだけど。もし、『あの人に会いたい』みたいな番組に出たとしたら、あの子に会いたいんですよ。いま、何やってんのかなあ？

——1984年3月24日、蔵前国技館の外で見知らぬ少年とタイガー・ジェット・シンのモノマネをやった記憶のある人は、編集部までご連絡ください（笑）。

獅童　マジで会いたいですよ。で、その蔵前を体験して、今度は後楽園ホールに通いまくるんだよ。当時は小中学生の立見が1500円で、もう入り待ち、出待ち慣れしてるガキになったんですけど（笑）。レスラーって後楽園ホールの駐車場から来て、エレベーターに乗って上がって行くじゃないですか？　ほとんどのレスラーは、あのエレベーターにファンを寄

せつけないけど、藤波辰爾さんは凄くいい人でまったく拒否しないから、ガキがみんな藤波さんに群がって、一緒にぎゅうぎゅうになってエレベーターに乗るっていう凄い状態にいつもなってて（笑）。

――『ロッキー』だ（笑）。

獅童　それでいまだに忘れられない、いちばん怖かったのは長州力。長州さんにもエレベーターに乗るまでの道中でボクも含めたガキが群がるわけだけど、「触るんじゃねえぞ、おまえら！　触るなよ！」って怒鳴ってるから、ちょっと道ができるわけですよ。そこでひとりのガキが長州さんのうしろから回り込んでカメラを突き出して撮ろうとしたら、「おまえ、コラ！」って長州さんが裏拳みたいにやったのがカメラに当たって飛んで行ったんですよ。その子、もう凄い泣きそうな顔をしてて。

――だってカメラなんて、子どもにとっては高級品ですよ。

獅童　あれはかわいそうだったなあ。あっ、入り待ちしていて「本当に頭がおかしいんだ！」と思ったのはタイガー・ジェット・シンで。もうリングに入場してくるときと同じ状況で会場入りしてくるわけ。

――すでにトランス状態（笑）。

獅童　「普段からこれかよ!?」みたいな（笑）。それで試合を観終わったあとは当然出待ちをするんですけど、出待ちで忘れられない出来事があって。ボクはずっと最後の最後まで残ってるガキだったのね。それでエレベーターを降りて駐車場に行ってバスに乗るレスラーと、マイカーに乗って帰るレスラーがいたんだけど、ひと通りみんな帰っちゃって、バスも出て行っちゃったから、もう誰も出てこないだろうと思っていたときにザ・コブラが出てきたんですよ。

「うなぎパイを作ってる会社から『ウチの社内誌でザ・コブラという選手と対談してほしい』って連絡があって」

――謎のアストロノーツが。

獅童　子どもながらに「この人、帰りはどうするのかな？」と思って（笑）。そうしたら駐車場の前が外堀通りっていう大きな道でしょ。そこまで歩いて出て行って、おもむろにタクシーを拾い始めたんですよ。

――覆面をつけたまま？

獅童　そう！　それでやっぱりボクも歌舞伎の世界で育ってるからさ、気をつかうことだけは一応身についていて、瞬間的に「あっ、これは俺が機転を利かせたほうがいいな」と思って、出待ち、入り待ちのガキの中でボクは小学生のくせに古株だったから、「はい、おまえたちは下がって！　下がって！」ってやって（笑）。

――アハハハハ！　コブラの付き人みたいになっちゃって（笑）。
獅童　それでコブラさんが覆面をかぶったまんまタクシーを捕まえようとしてるから、運転手さんからしたら変なヤツでしかないじゃん。もう3台くらいに乗車拒否されてるんですよ。それでボクが「おまえたちは下がれ！　ひっこめ！」ってガキたちを追っ払いながらタクシーを止めて、「コブラさん、早く、早く！　乗っちゃってください！」って（笑）。
――誰だよ（笑）。
指導　そうしたらさ、コブラさんがボクの耳元で「どうもありがとう」って日本語で言ってくれて、「あっ、すげえ日本人……」って思ったんだけど（笑）。
――まあまあ、国籍不明ってことでしたからね（笑）。
獅童　そんときはもう凄くいい仕事をしたなと思って、もう誇らしげに家に帰って、親とかにも報告しましたよ。「さっき、俺がコブラを送ったんだ」って。
――親も大変ですね。
獅童　いやいや、「大変だな、マスクマンも」って言ってたんだよ（笑）。
――みんな大変（笑）。
獅童　それでさ、これは2～3年前の話なんだけど、浜松のうなぎパイってお菓子があるでしょ。そのうなぎパイを作ってる会社から突然連絡があって「ウチの社内誌に出ていただき、ある方と対談してほしい」っていうオファーだったんですよね。「なんだろうな？」と思ってよくよく聞いたら、「獅童さんはプロレスが好きだと聞いていまして、昔いたザ・コブラという選手と対談してもらいたいのですが」って。
――ええーっ！　しかも、なぜうなぎパイの会社から（笑）。
獅童　「えっ、もう引退してるでしょ？」って聞いたら、「いや、まだ本人も元気にしていますから」って。それでわりと年始だったんだけど、1月ってボクは新橋演舞場の舞台に出演してて、そこにうなぎパイの社長さんとコブラさんが来てくださることになって。それで対談する前に観劇するってことで、ボクが桟敷席を取ったのかな。それでボクは最初に花道から出て行って、客席のほうに向かってセリフを言う役だったんだけど、それでパッと桟敷席を見たらさ、覆面を着けてる人がいるの。
――マスクをかぶったまま観に来たんだ!?（笑）。
獅童　もう、こっちは完全にザ・コブラの正体はジョージ高野だって知ってるし、セミリタイア状態じゃないですか。だから舞台から1回引っ込んできたら、役者の友達とかがみんな「誰だ、あれ!?」「なんか変な人がいるぞ！」「あの人、俺たちよりも目立ってるよ！」とかって騒いでて（笑）。
――「敵なのか!?　味方なのか!?」って（笑）。
獅童　だから「ああ、あれはちょっと俺の知り合いでさ、コブラっていう人なんだよ」って言って（笑）。それで「へえ。強いの？」って聞いてきたから「まあまあ、強いよ」って。もう説明がめんどくさいから（笑）。「へえ。やっぱ普段から覆面を着けてるんだね」みたいになって、もう双方でコスプレ状態ですよ。ほかのお客さんたちもやっぱりコブラさんに注目しちゃってるし。

——そうなりますよね（笑）。

獅童　それで終演後に楽屋で対談したんだけど、最初にいきなりコブラさんが「獅童さん。その節は助けていただいてありがとうございました。後楽園ホールでボクをタクシーに乗せてくれましたよね」って言うわけ！「えっ、憶えてるのか!?」と思って「たしかにそれボクですよ！」と。

——どういうことですか？

獅童　前に1回だけテレビ番組でそのタクシーの話をしたことがあったのよ。それを観てたのか人から聞いたのかわからないけど、「自分もそれは凄い記憶には残っていて。でも、まさかあの子が獅童さんだったのとはわからなかったので、いつかお礼を言いたかったんです」って言われて（笑）。

——へえー！

獅童　「いやいや、ボクも生意気なガキでしたから」って。要するにそれがきっかけで対談が実現したみたいな感じだったんですよ。そうしたら「横浜文体の前でもタクシーに乗せてくれましたよね？」って言うから「それは俺じゃねえな……」と思ったんだけど（笑）。

——アハハハハ！　それは俺じゃない（笑）。

獅童　ほかにも自分みたいなガキがいたんだなと思って。「それはボクじゃないっスよ」って言ったら「またまた〜」って。やっぱちょっと変わってるというか、おもしろい人でしたね（笑）。

「志村さんに『子どもを笑わせるときに、子ども向けにやろうと思うと絶対に笑わないよ』って教えていただいたんです」

——ちょっとね、様子がおかしいんですよね。

獅童　だって芝居を観るのに、わざわざ覆面を着けてるってのがすでに変わってるじゃないですか。新日でバリバリやってる頃ならわかるけど、もう素顔でもいいじゃない。

——むしろ素顔のほうが変装ですよね。

獅童　それで対談が終わったあとにコブラさんが「ちょっとごめんなさい。カメラマンさんもみんな部屋から出てください」って言うの。それでみんなを楽屋の外に出して、障子とかも全部閉めてさ、ボクとコブラさんのふたりっきりですよ。

——えっ、どういうことでしょう。

獅童　それでボクの顔をじっと見つめて、「見たいですか？」って言うのね。要するに素顔を見たいかどうか聞かれたわけ。

――やばいやばい……（笑）。

獅童　見たくないとも言えないから、「見たいです！」って言ったら「本当に？」って言うから「見たいです！」って。「本当に？」「見たいです！」って、もうなんかさ（笑）。

――なんの問答（笑）。

獅童　そうしたら静かに覆面をお取りになって「ジョージ高野です」って。

――「ジョージ高野です」（笑）。

獅童　とっくに知ってるけど、変にビックリするのも嘘くせえかなと思って、ちょっと反応に困ったんだよね。もうバリバリに知ってるところで素顔を見せてもらって、「あっ、うーん……。全然変わんないっスね」みたいな（笑）。まあ、ボクは本当にザ・コブラが好きで、タクシーに乗せた日のことは一生の思い出というか。プロレスファンでありながら、なんかそういう裏方関連もけっこうやらせてもらいましたよね。それで16歳くらいになったら世の中がバンドブームになって、ザ・ブルーハーツが好きだなんだってみんながバンドをやってるような時代でさ、バンドマンたちもだいたいプロレス好きみたいな。で、高校が吉祥寺だったから、毎日、井の頭公園のステージのへんを歩いてたんだけど、ある日MVの撮影をしていて、バンドマンの友達が「あれ、UP－BEATじゃん」って言うから見たら本当にUP－BEATのメンバーで。

――UP－BEAT、懐かしい。

獅童　それでボクらもヒマで見学してたら、「あっ、キミたち。ちょっとさ、歩くだけでいいからやってよ」って言われて。

――エキストラで。

獅童　当時、もう歌舞伎の舞台には出てたけど、普段はまるで素人だから「やります、やります！」って（笑）。だから無名時代の中村獅童は、UP－BEATのMVに3秒くらい出たり、ザ・コブラのタクシー誘導っていう裏方稼業をやってましたよ。

――いろいろと下積みがあったんですね（笑）。

獅童　大学のときも全日本トラック協会でバイトをやっていて、そこってトラックのドライバーさん向けに安全講習とかをやってるところなんですよ。そこでボクは駐車場で棒を持って立って、「駐車場はこっちですよ～」って案内してたんだけど。だからもう、誘導が好きなんだよね（笑）。

――誘導好き！（笑）。

獅童　それで今年になって、コロナで自粛中にずっと家にいて、家族と過ごす時間も長かったから、よく息子と一緒にYouTubeを観たりしてたのね。それで「あっ、パパが子どものときに好きだったやつを観せてあげるよ」って言って、まず観せたのがタイガーマスクの試合ですよ。

――はいはい。自分が好きなものを子どもと共有したいという欲求ってありますよね。

獅童　それで2歳児に「これがタイガーマスクだよ」って言って観せたら、「タイガーマスク、いやっ！」って言われて「あっ、ダメか。まだ早えか……」って落ち込んで（笑）。で、次に『ウルトラマン』を観せたら、これがもうどハマりで。息子はいまセブンがいちばん好きで、カネゴンとか怪獣もすげえ詳しくなってる。だから『ウルトラマン』って凄いよね、永遠なんだなと思って。毎日お面を着けて遊んでるし、その都度「ウルトラマン、観たい！」って言うから「あっ、いいよ」って言いながら、ボクもわざと間違えたふりをして「えっ、タイガーマスク？」って毎回聞くんだけど、「タイガーマスクはいやっ！」って。どうも2歳児にはタイガーマスクが受け入れられないんだよね（笑）。

――あと、あれも世代を超えてきますよ。『ドリフ大爆笑』。

獅童　ああ、ボクもいまそれを言おうとしてたんだけど、志村けんさんが亡くなられたから、あまり言うのもあれかなと思ったんだけどさ。志村さんって本当に凄いよね。亡くなられたあと、ワイドショーとかで一斉に特集を組んでたけど、こっちはもうとっくに日本の宝だと思ってるし、尊敬もしてるし、子どものときも「おい、志村！　うしろ！　うしろ！」って夢中になったじゃん。それをいまの子どもたちが観ても笑うんだよね。

――いまの子たちも、おしっこをちびらんばかりに笑いますからね。

獅童　凄いよねえ。昔、お正月に志村さんと（笑福亭）鶴瓶さんがコンビで、そこにゲストで出てお酒を飲むっていう番組があって、それにボクも呼んでいただいたのが2005年とかだったと思うんだけど、そのとき初めて志村さんにお目にかかって。あの大好きな、あこがれの志村さんですよ。やっぱりカメラが回っていないときとかに芝居の話になってね、志村さんって凄い芝居を観てるの。歌舞伎も観ているし、ボクがおとし三谷（幸喜）さんとやった喜劇も観にいらしてたし。それで、そのとき話していただいたことでいまでも参考になっているのは「子どもを笑わせるときに、子ども向けにやろうと思うと子どもって絶対に笑わないよ」っていう。それぐらい子どもって見抜く力があるし、鋭いっていうのがあって、ボクは絵本の原作を歌舞伎化した『あらしのよるに』っていう、オオカミとヤギが親友になっていくという新作歌舞伎を作ったことがあるんですよ。それは子どもから大人まで愛される絵本なので、そのまま子どもから大人まで楽しんでいただくというコンセプトのもとに作ったんだけど、その志村さんの言葉がずっと頭に残っていたから「演技をするときに子どもショーみたいにならないでくれ」っていうリクエストを各役者さんにしたんだよね。

そうして大人向けに作った結果、幕が開いたら子どもから大人まで泣いたり笑ったりしていたから、ちゃんと子どもは感じてくれてるんだって。そのとき、やっぱり志村さんの顔が思い浮かんだよね。コメディアンと歌舞伎役者は異ジャンルだと思われるのかもしれないけど、ボクの中ではあのときの志村さんの言葉っていうのはとても大きかった。

「19歳くらいのときに『獅童さんはお父さんが歌舞伎役者ではないから、主役になるのは難しいですよ』って言われた」

――志村イズムの一端を受け取ったんですね。

獅童　やっぱり、ああやって人々をずっと笑いに包み込んできた方が日本の宝だなって思う。第一線でずっとみんなを笑わせ続けてきた志村さんは、ボクの中ではとてつもなく凄い人。

――大衆を笑わせることだけが目的でしたもんね。

獅童　やっぱり流行とか浮き沈みが激しいのが芸能界だったりするなかで、ビートたけしさんや所ジョージさんもそうだけど、ずっとやってるって凄いよ。今年だったかな、『天才！志村どうぶつ園』にゲストで出させていただいて、それが志村さんとの最後になっちゃったんだけど……。志村さんが毎晩のように飲みに行ってるっていう噂は聞いてたから、ずっと一緒に飲ませていただきたかったんだけど、そういうときに引っ込み思案な自分が出るというか、「今度連れて行ってくださいよ」なんて言うのはおこがましいなと思ってたし。でも、ずっとそれが言えなかったままっていうのが、ちょっと悔いとして残ってますね。お酒を飲みながら、もっともっといろんな話を聞きたかった。

――まさか亡くなられるとは思ってもいないですよね。

獅童　うん。だから、こないだ所さんの『はじめてのおつかい』にゲストで出させていただいたとき、所さんも昔からずっと第一線でやっていらして、あの人の自然体の姿というかライフスタイルとかってみんながあこがれるよね。だから勇気を振り絞って、初めてだよ、あんな大御所の大先輩に「今度、世田谷ベースに遊びに行ってもいいですか？」って。それはボクとしてはすげえ勇気を出して言ったんだよ。そうしたら「あっ、いいよ」ってことですぐに連絡先を紙に書いてくださって、何日の何時に行きますって約束をして。だけど、ひとりで行くのは緊張するなと思って（聞き手の）井上くんも誘ったんだけど（笑）。

――「絶対に連れてってください!!」って言って。あの日はボクが獅童さんの誘導係でしたね（笑）。

獅童　アハハハハ。まあ、一緒に行ったからわかると思うけど、自分がこれから生きていくうえでのヒントみたいなのがいっぱいあったよね。逆に自信喪失というか、「絶対こんなふうになれねえよな」とも思ったし。これまで活動してきて、いろんなことがあったっていう話も淡々とされていたけど、基本的に人を憎まないというか「怒ってもしょうがないし、そこにエネルギーを使うくらいなら違うことをする」みたいなことをおっしゃっていたでしょ。あんな考え方って楽しい基本じゃないですか。ボクらの仕事なんか特に自分たちが楽しんでいないと人を楽しませることはできないから。所さんは私生活を楽しんで、仕事も楽しんでる。

——「この人の生き方が人類の理想」って感じすらしましたよね。

獅童　ボクが歌舞伎を「ちょっと楽しいな」と思えるようになったのは、40過ぎてからなんですよ。いまでも苦しいけど、それまではまったく楽しいと思えなかった。歌舞伎が好きなんだよ?でも好きと楽しいは別で、一生かかってやるんだろうなと思うけど、なかなか楽しいまでには行き着けないんだよね。

——どっちかというと、しんどい、つらい、って感じですか?

獅童　そうだと思う。100点満点なんてないし、もちろん100点を出そうと思って毎日やるんだけど、それこそ定年もないし、一生をかけて芝居や歌舞伎を通して人生を完成させていくのかな。死ぬときに自分の人生を振り返ってみて「よかったな」と思うのか、「もっとああしておけばよかったな」って思うのかはわからないけど、1回1回の舞台に対して全身全霊で臨んでる。心のどこかでは「舞台の上で死ねたらな」っていうのもある。ボクなんかは肺腺がんをやってるからよけいにね。歌舞伎にはやってもやってもたどり着けないという奥深さがあって、それが400年の歴史の重さだよね。まあ、ボクなんかは大名跡を襲名するとかっていうのがないから、そういう重圧がある人と比べたら、逆に自由にいろんなことをやらせてもらってるのかもしれない。もう20代の頃は「群衆」とか「その他大勢」みたいな役ばっかりやってたから。

——要するに歌舞伎界の本流ではないという。

獅童　だから19歳くらいのときに会社に呼ばれたことがあって、重役の方に「獅童さんはお父さんが歌舞伎役者ではないから、主役になるのは難しいですよ」って言われたことがあって。ボクは血はあるんだけど、家に帰ったら普通の一般サラリーマンの息子だから。親父は萬屋錦之介の兄にあたるんだけど、歌舞伎が嫌いでボクが生まれる前に辞めちゃってたから。

——「主役になるのは難しい」とはっきりと言われたわけですか。

獅童　はっきり言われた。でもそれは、いま思うと親切で言ってくれたのかな。

——これがこの世界の揺るがないルールですよ、っていう。

獅童　それと「自分で名前を売ってらっしゃい」みたいなこ

とだったと思う。たぶん、現実社会において頭のいいヤツだったら、そう言われたら「あっ、主役がやれないんだったら辞めよう」って、次にやることを探すと思うんだよね。でもボクは辞めなかったんだよ。根底にはやっぱり歌舞伎が好きっていうのがあって、それが大前提なんだけど、やっぱバカなんだろうね。

――バカとは？

獅童　若いヤツらにもよく「バカにならなきゃダメだよ」って言うんだけどね。現実を見るのももちろん大事だけど、空想したり、夢を見たりっていうのはいまの世の中では難しいんだよね。それだけネットでリアルタイムでなんでもわかる時代で、はっきり言っちゃうと「夢」っていうのはもう死語なんだよ。だけどボクらは夢を見させることが商売だし、っていうことは、それこそ自分が夢を見ていないと人に夢なんて見せられない。たとえば、大学に行ってさ、みんなで就職について話してるときに「俺はロックスターになるよ！」なんて言ってるヤツにはたいがい「おまえ、バカ？」とかさ、「無理だよ」って言うけど、夢を見続けてるヤツがロックスターになるんだから。

――まちがいないですね。

獅童　「大学も出たんだから普通にお勤めしなさいよ」っていうのが世の中ですよ。そこで夢を見てるってのはさ、もしかしたら親ですら「バカなことを言ってるんじゃないよ」って言うし、それが現実だよね。そういった意味では、ボクは19歳のときに初めて現実を突きつけられた。歌舞伎に憧れて子役で出てきて、自分から「なりたい」と言って歌舞伎役者になったボクに、初めて突きつけられた現実の言葉。

「大名跡を襲名しない代わりに自分で自分の名前を一代で大きくするっていうのがひとつの目標、夢となった」

――そういうしきたりに、薄々気づいてたりする部分ってなかったんですか？

獅童　状況の違いというか、役のつけ方が違うなっていうのは中学、高校になってくればわかってくるんだよね。一緒にスタートしたはずの人がすげえいい役をやってたりすると、「ああ、これが歌舞伎か……」っていうのがあったんだけど、モヤモヤしていた思春期のときにそれを現実の言葉として突きつけられたとき、ボクはあきらめなかったんだよね。凄く考えた結果、自分がこのまま歌舞伎役者を続けて「獅童ちゃんはお父さんが歌舞伎役者じゃなかったから、なかなか役がつくのも難しかったね」って言われるのが嫌だった。「お父さんがいないのによく主役まで上り詰めたね」って言われるほうがカッコいいじゃん。じゃあ、与えられた線路を走って行くのではなく、いままでの歌舞伎界の常識にはない中村獅童の常識で、新しい自分なりの線路を敷いて、その上で人生を突っ走ろうっていう考えに切り替えたんだよね。そのために名前を売るじゃないけど、「中村獅童」っていうのはウチの親父が初代なんだけど、親父は途中でカツラを投げて辞めちゃうっていう。

——カツラを投げた。

獅童　反逆児じゃないけど、大看板の先輩に注意されて、弟の錦之介とかが怒られたことがあったらしいんだけど、それこそ並びの子役で坊さんの格好していたときに、自分は兄貴だからカッコつけて「うるせー！」みたいな。それで、その大先輩にカツラを投げつけて「辞めてやる！」って言って辞めたんだって。それはボクが生まれる全然前のことで、親父が子どもの頃の話だから、親父もあまり詳しく話そうとはしないんだけど。

——だから最初から、二代目中村獅童には後ろ盾がなかったってことですよね。

獅童　だから親父は歌舞伎も観なかったし、ボクが「やる」って言ったときも「何も手助けできないよ」って言ったよね。ずっとあとになって観に来るようにはなるんだけどね。だから歌舞伎界には凄く大切な名前で大名跡っていうのがいっぱいあるんだけど、自分はそういうのじゃないから。

——それで「名前を売るためにはどうしたらいいんだ？」って考え始めるわけですね。

獅童　うん。中村獅童っていうのはボクが初代みたいなもんだから、大名跡を襲名しない代わりに自分で自分の名前を一代で大きくするっていうのがひとつの目標、夢となって「中村獅童という名前が売れるためにはどうしたらいいのか」「歌舞伎を観ない人にも振り向かれるようになるのはどうすればいいのか」といったら、テレビと映画しかないから。それで高校時代からバンドをやってたりとか現代的な感覚も持ってたし、普通の感覚の中で育ってきたっていう思いもあるから、「じゃあ、中村獅童の現代的な雰囲気っていうのをみんなに知っていただきたい」という思いを胸に、そっからはいろんなオーディションを受けまくりましたよ。

——つまり、歌舞伎界の外で勝負してやろうと。

獅童　だから舞台のオーディションも受けたし、人に紹介してもらってVシネマのプロデューサーに挨拶しに行ったこともあるし、テレビで若手役者が出るようなドキュメンタリーバラエティみたいなものにも「出してほしい」ってお願いしたりとか。まあ、ひとつも引っかからなかった。そうこうしてるうちに30歳。

——長いトンネルですね。

獅童　20代半ばからずっとだからね。それでもう30を超えたら若くもないし、かといってオッサンでもないし、新人として

テレビとかメディアに出ていくときにめっちゃ中途半端な歳だよね。そんなときに受けたオーディションが、松本大洋さんの漫画が原作の『ピンポン』という映画で。主人公と敵対するドラゴンっていう強烈なキャラクター役のオーディションをするらしいと知って、すぐに漫画を全部読んでみたら、ドラゴンって頭がスキンヘッドで、眉毛もないのね。そのときボクは「これでダメだったらもう無理かな」と思いつつ、だからこそ「絶対にやる！」と思って、もう最初から頭も眉毛も全部剃ってからオーディションに出て、長いテーブルに監督やプロデューサーがみんな並んで座ってる前でやったんだよ。本気ですよ。「小僧〜〜〜！！」とかって（笑）。こっちはもう、幼少の頃から歌舞伎のときに生声でセリフを読むってのは慣れてたから、すげえ大声を出したと思うんだけど、その場にいた全員がドキッとしてるのが自分にもわかるくらいだったんで、正直「ざまーみろ」と思ったんだけど（笑）。そうしたら受かったんだよね。

――『ピンポン』が中村獅童の夜明けですよね。

獅童　それまでの屈折した気持ちとか押さえつけられた気持ち、20代は20代で楽しかったけど、あとから思うともがき苦しんでたんだなって思うし。その押さえつけられた気持ちが一気に解放されたというか。「これが最初で最後のチャンスだ」くらいの思いがドラゴンという役を通して、中村獅童の情熱と思いっていうのが爆発した瞬間だったのね。そういう役柄に一生のうちで何度出会えるかって言えば、そうそう出会えないと思うんだよ。それでもう、一気に誰もが予想しなかったところまで映画が大ヒットして、ボクは新人賞とかブルーリボン賞を6個もらったところから景色がガラッと変わった。いまでも憶えてる。昔、断られたテレビ番組の人からもオファーが来て、「おまえ、昔、断っただろ」って思うけど（笑）。

「歌舞伎に新しいものをどんどん採り入れるっていうのがボクのスタイルであり、伝統を守りつつ革新を追求するっていうのがボクの生き方」

――まあ、向こうからすれば「昔、会ったことあるよね？」ですから（笑）。前にお会いしたときにチラッと話しましたけど、長州力が藤波に噛みついた日の試合前に、猪木さんが「ワインをいちばんうまいと思うタイミングがわかるか？　自分の感性でおいしいと満足するものじゃない。栓を抜いたときにそこにいる人みんなが飲んで酔いしれるタイミングがある。わかるか？」みたいな話をずっと長州にして、けしかけていたっていう。それで長州さんは自分なりに解釈して藤波さんに反旗を翻したんですよね。「今日やらなきゃ、もうずっとダメなままだ」って。

獅童　いや、だからその話を聞いたときは、かつての自分の状況と共通しすぎていて驚いたんだよ。そんな長州先輩と共通なんていうのは失礼だけど、やっぱり抑圧があるから弾けるし、ルールがあるから破ろうとするし。抑圧されたものがなかったら弾ける瞬間もない。その弾けた瞬間っていうのが、ボクにとっては『ピンポン』だったのかなって思いますね。

――抑圧があるからこそ弾ける。本当にそうですね。

獅童　一夜にしてガラッと風景が変わって、それでチャレンジし続けたら外でのほうが忙しくなっちゃって、一気に知名度も上がって。そうすると会社から「歌舞伎に出なさい」って言われて主役が与えられた。それでいきなりスター扱いだから。歌舞伎においては、中間がないまま主役に押し上がっちゃったから、知名度が加速して広がっていく状況に追いつくのが正直精一杯でしたよ。だからカブキさんがアメリカに行って、トップヒールとしてスターになるわけじゃないですか。

――あっ、ザ・グレート・カブキの話ですね（笑）。

獅童　向こうでメインイベンターになってドル箱になり、アメリカでの知名度も凄くて。そうなったときにカブキさんは馬場さんから「帰ってこい」って言われるんだよね。キラー・カーンさんも同じで、ＷＷＦ（現・ＷＷＥ）で大成功を収めているときに新日本から「日本に帰ってこい」って言われるわけじゃないですか。ボクも同じですよ。「歌舞伎に帰ってこい」って言われて（笑）。

――まさに！（笑）。みんな逆輸入ですよね。

獅童　これはボクの職業柄なのか、どこかやっぱり俯瞰で見る癖があって、歌舞伎の興行って客商売じゃないですか。プロレスもそうですよね。ボクは子どもの頃から歌舞伎とプロレスって凄い共通してるなと思ってた。歌舞伎もプロレスも興行なんだよ。お客さんが入ってなんぼだから、スターがいないと困る。まったく一緒ですよ。王道の歌舞伎があったらスーパー歌舞伎もあってとか、まるでプロレスから枝分かれして、新しい格闘技スタイルを作ったＵＷＦじゃないですか（笑）。やっぱり歌舞伎にも王道があって、そこでスーパー歌舞伎っていうのは、先代の市川猿之助さんが古いものを排除して作ったハイブリッドな歌舞伎ですよね。

――ボクら側の立ち位置としては、「すべてがプロレスだ」という思想でいろんな世界を覗かせていただいていますよ。

獅童　いまでこそ、これだけ新作ラッシュでボクも新作を作るし、バーチャルで初音ミクさんとも歌舞伎をやるしっていう時代になってるけど、その先駆けというか、新しいものをどんどん採り入れていったのがスーパー歌舞伎。でも、もともと歌舞伎っていうのは、時代の流行や風刺とか、起こった事件とかなんでも採り入れたものなの。それが昭和において歌舞伎が一度低迷したときに、新しいスタイルの歌舞伎を編み出したのが先代の市川猿之助さん。プロレスって「ちょっと八百長なんじゃねえか？」とか永遠のテーマとしてつきまとうじゃないですか。そこでUWFが格闘技路線に入っていったのは、ボクにとっては本当にスーパー歌舞伎と似てるなと思ってて。でも王道があるからこその斬新さとかそういうのだし、純粋なプロレスがあるからこそのUWFだったのかなと。もちろんUWFも大好きだったし、試合も観に行ってたし。そこからさらに格闘技路線に入っていって、PRIDEだなんだって自分も大晦日はずっと観てたから。あの頃ってプロレスの低迷期ですよね。

――プロレスというか、新日本の価値観が揺らいだ時代。

獅童　だけどいま、自分もちょっとオッサンになってきて、CSで昭和のプロレスとか、平成の小橋（健太）さんや川田（利明）さんとかの試合をあらためて観返すと、やっぱりすげえ試合をやってるなって思うから、プロレスって永遠なのかな？　だから新日もどんどんスタイルを変えていって、棚橋（弘至）さんとかは昔いなかったタイプのスターですよね。そういう現状を見ていると、やっぱりプロレスはスター制度であり、興行であり、どんどん新しいものを採り入れてる。そして、歌舞伎に新しいものをどんどん採り入れるっていうのがボクのスタイルであり、伝統を守りつつ革新を追求するっていうのがボクの生き方だから。

――それはけっして自らが本流ではないことと、そして外で闘ってきたからこそ生まれた精神でもあるんでしょうね。

獅童　だから自分が大人になってからのプロレスっていうのは、ちびっこのときの気持ちを思い出しながら楽しむんだけど、どこかプロデューサー的な目線というか「いま新日ってこういう売り方をしてるんだな」とか、それは凄い参考にする。昭和は昭和のプロレスのよさがあって、いまはいまのプロレスのよさがあるっていうね。だからロックのコンサートとかを観に行っても、お客さんがみんな一体となって盛り上がってる姿に感動して涙が出たりとか。あるいは小劇場の芝居を観に行って、若い観客だけで溢れかえってたら、「歌舞伎にもこういう世代の人たちに来てもらいたいな」とか。やっぱりボクの本質は歌舞伎であり、歌舞伎を観たことがない人たちを振り向かせるのがボクの使命であり、仕事だと思ってるから。プロレスやロックから感じたことだったり、歌舞伎以外での映画やテレビで培ってきたこと、そこで出会った人たちとかがボクのすべてであり、リアルな中村獅童の姿です。

※以降も、歌舞伎界に対する現在の思いや、初音ミクとの共演を通じて自らが獲得した新たな価値観などについて語られましたが、スペースの都合上、次号にて引き続きお届けいたします！（編集部）

1972年9月14日生まれ、東京都杉並区出身。歌舞伎役者・俳優・声優。
本名・小川幹弘。歌舞伎の名門である小川家（旧播磨屋、現・萬屋）に生まれ、祖父は昭和の名女形と謳われた三世中村時蔵。父はその三男・三喜雄。叔父に映画俳優・初代萬屋錦之介、中村嘉葎雄。8歳で自らの志願で歌舞伎座にて初舞台を踏み、二代目中村獅童を襲名。紆余曲折を経て、19歳で歌舞伎の道を目指すことをふたたび決心するも、長い下積み生活を余儀なくされる。2002年公開の映画『ピンポン』で準主役の「ドラゴン」を演じて脚光を浴びる。以降、多数の映画やドラマに出演することとなり、歌舞伎においても、2003年に『義経千本桜』『毛抜』で初の主演を務めてスターの座に君臨。古典から新作まで様々な歌舞伎に挑戦しつつ、時代劇、現代劇、映画やドラマなど多方面で活躍している。

バッファロー吾郎Aの

きむコロ列伝!!

Buffalo GoroA

第106回 妄想オールナイトニッポン

バッファロー吾郎A

バッファロー吾郎A/本名・木村明浩（きむら・あきひろ）1970年11月24日生まれ/お笑いコンビ『バッファロー吾郎』のツッコミ担当/2008年『キング・オブ・コント』優勝

『RIZIN.22』&『RIZIN.23』をスカパー！で観戦したが、両日ともとてもいい大会だった。試合以外で印象的だったのはOPVでの『闘うしか能のない俺たちが、闘うのをやめてなんかいいことあるか？』という煽り文句がカッコよすぎた。

今回ご紹介するのは、格闘技とまったく関係ない『妄想オールナイトニッポン』。

『ボケるしか能のない俺たちが、ボケるのをやめてなんかいいことあるか？』ということで妄想しながら読んでいただきたい。

こないだサインを書こうとしたら、ファンの方に「一言添えてください」と言われたので『ソニー損保』と書きました。

内田有紀のオールナイトニッポン！

先日、お気に入りの帽子を被って散歩していたら、突風が吹いて帽子が飛んで行き、町内で有名なゴミ屋敷の屋根に引っかかってしまいました。

aikoのオールナイトニッポン！

誰もいない部屋で思いきりオナラをしたら、その風圧でベランダの風鈴が鳴りました。

村上春樹のオールナイトニッポン！

ファンの方に「どんな部屋に住んでるんですか？」とよく聞かれるんですが、寝室の天井には大きなスタイナー・ブラザーズのポスターを貼ってます。

あいみょんのオールナイトニッポン！

表参道を歩いていたらなんか右足の裏が痛くて、それで靴を脱いで足の裏を見たら梅水晶が刺さっていました。

真矢みきのオールナイトニッポン！

部屋を片づけていたら小学1年のときに書いた作文が出てきたので、ブックオフに持って行ったんですが買い取ってもらえませんでした。

かたせ梨乃のオールナイトニッポン！

きのう舞台の初日だったんですが、指にとんがりコーンをハメたまま舞台に上がってしまいました。

市村正親のオールナイトニッポン！

自分でオリジナルの迷路を描いてチャレンジしてみたんですが、ゴールできませんでした。

神取忍のオールナイトニッポン！

オリジン弁当の手作りおにぎりを持った瞬間、ソフトボール部にいた頃を思い出しました。

ダレノガレ明美のオールナイトニッポン！

ここに来る途中ファミリーマートで買い物して、おサイフケータイで払おうとしたんですが、間違えてファミチキをかざしてしまいました。

五木ひろしのオールナイトニッポン！

知人の舞台を観に行くときに差し入れを何にしようか考えたんですが、夏だから生モノは危険だし、お酒やお水はたくさんもらっているでしょうし、金券っていうのもどうかと思ったので、ドカベン全48巻を差し入れしました。

松雪泰子のオールナイトニッポン！

秋なので衣替えをしたんですが、シャツの胸ポケットに何か入っていたので取り出してみると、ペヤングソースやきそばのスパイスでした。

渡辺美里のオールナイトニッポン！

昨晩『伊賀忍者と甲賀忍者どちらが強いか？』で主人と喧嘩になりました。

松嶋菜々子のオールナイトニッポン！

中学生のとき友達とプールでプロレスごっこをやったんですが、プールでU系はあまり盛りあがりませんでしたね。

徳永英明のオールナイトニッポン！

知人から岡山の桃をいただいたので思いきりアンダースローで投げてみたら、桃が信じられないくらい揺れながら落ちました。

東ちづるのオールナイトニッポン！

こないだ熱中症になりまして。水分補給など気をつけていたんですが。

みなさん、炎天下で二人羽織のうしろをやるときは十分気をつけてください。

古谷一行のオールナイトニッポン！

きのうパン屋さんに行ったらおばあさんが万引きする瞬間を見てしまい、思わずお婆さんの手をトングで掴んでしまいました。

大黒摩季のオールナイトニッポン！

流しそうめんをやりたくて、家の庭で竹を割って組み立てたんですけど、肝心のおそうめんを茹でるのを忘れてしまったので竹の上をミニ四駆走らせました。

田中律子のオールナイトニッポン！

きのうシャア専用ザクに踏みつぶされる夢を見ました。

米津玄師のオールナイトニッポン！

[redacted]

VIVA MEXICO！『KAMINOGE』的には
たまらないメキシコ逃亡コンビが初顔合わせ!!

長州力

［吉田光雄］

俺も壊れるのが嫌で
メキシコに逃げたようなもんですよ。
あとは２０００円でクルマの免許が
買えるから行ったっていう

五木田智央

［画家］

ボクにも暗黒時代みたいなのがあって、
もういろんなことがしんどくなって
メキシコに逃亡しちゃったことがあるんです

収録日：2020年9月3日　撮影：タイコウクニヨシ　取材協力：タカ・イシイギャラリー　構成：井上崇宏

HashDtag
HashDtag

「先生の描いた絵を見たら俺でもなんとなく『ただ者じゃないな』ってことはわかりますから」（長州）

長州　山本くん。

――はい。

長州　俺は今日、初めて山本くんに頭を下げることになるな。

――えっ？

長州　（立ち上がって頭を下げて）どうもありがとう！

――えっ、いったいどうしたんですか!?

五木田　なっ、なんだ、なんだ!?

長州　だって、おまえ、こうして目の前に……。えっ、山本くんはどうして先生とお知り合いなの？

――いや、もう20代の頃からの付き合いでして。まあ、プロレスファン仲間と言いますか。

長州　あっ、先生もプロレスをご覧になるんですか？

五木田　はい、大好きで。だから長州さんのことも昔からめちゃくちゃファンですよ。

長州　俺の？　ファン？　先生が？（キョトン）。

五木田　そうですよ！

長州　そんな、俺のどこが好きになるんだっていう。

――長州さん、すみません。まず、なぜここまで長州さんが五木田さんのことを立てるのかをはっきりさせてもらえませんか？（笑）。

長州　そんな、べつに立てちゃいないよ。「立ててる」っていう感覚は俺の中にはないな。これは俺の素直な気持ちがそのまま出てる感じだろ。なんかおかしいの？

――はっきり言って、めちゃくちゃ不自然です！（笑）。

長州　バカタレ！　だって先生はもう、偉大な絵描きさんなんだろ？　山本、そもそもおまえが俺にそう教えたんじゃないか。

五木田　いえいえ、ボクはそんな偉大な絵描きとかじゃないですから。長州さんにそんなこと言われたら恐縮しちゃいますよ。

長州　いや、先生はそうおっしゃるけども、先生の描いた絵を見たら、俺でもなんとなく「ただ者じゃないな」ってことはわかりますから。で、これはなに？『KAMINOGE』？

――はい。

長州　で、俺が先生に何を聞くの？　絵の話とかは俺はできないよ。

――絵の話はしなくてもいいと思うんですけど。

長州　じゃあ、あとは何があるんだよ。先生はお勉強とかできたんですか？

五木田　いや、それがまったくできなくて、高校に行けないんじゃないかってくらい頭は悪かったんですよ（笑）。

長州　でも、それで先生がほかに何もできなかったって言うんだったら親も心配だったでしょうけど、これだけ絵が上手なんだから十分じゃないですか。むしろ高校も必要なかったくらい。俺なんて学校から帰ってきたら、すぐに川に入ったり、海に行ったりして遊びほうけてましたから。それで夜中の12時くらいになったら、親父がちょっと部屋のふすまを開けて、俺たち4人兄弟全員がちゃんと家に帰って来ているか、生きてるかを確認してから寝るっていう。そんなもんでしたよ。とにかく無事に生きてさえすれば。それ以外はもう「勉強しろ」なんて言われたこともないですよね。ウチの親は父兄参観日とかにも来たことがないですから。ただ、不思議なことに運動会だけは見に来るんですよ（笑）。

五木田　それは長州さんが運動が得意だからですね（笑）。

長州　先生のところの親もわりと放任だったんですか？

五木田　まあ、どっちかと言うとそうですね。でも親父はわりと世間体を気にするほうで、息子にはいい大学に行ってほしかったみたいなタイプの人間だったんですけど、おふくろのほうはかなりはっちゃけた人というか「もう好きにやらせたらいいのよ！」みたいな。それでよく夫婦喧嘩になったりしてましたね（笑）。

「アニメに詳しい長州さんっていうのは、ちょっとイメージしづらいかもしれないですね（笑）」（五木田）

長州　普通は反対ですよね。お母さんのほうが子どもの教育にうるさかったりするもんですけど。先生は東京の人間なんですか？

五木田　そうです。東京です。

長州　先生はひとりっ子なんですか？

五木田　いや、5歳上の兄がいますね。兄も長州さんの大ファンなんですよ。

長州　そんなバカな！　俺にファンなんているはずがない。

五木田　いやいや、本当なんですよ（笑）。

長州　まあ、俺の場合は人生がたまたまレスリングの方向に進んじゃって、もしもそっちの方向で何者にもなれなかったとしたら、どうなっていたのかっていう。それはいまだに考えたりすることがありますね。べつにいくらスポーツが好きだったからって、こういう具合になったとも限らないし、突出したレスリングの才能を持っていたわけでもないし。

五木田　いやいや、どう考えても突出していましたよね（笑）。

長州　先生に俺の何がわかる？（笑）。突出っていう、そんな

アレではなかったですよ。ただただ食べることには必死だったという。その「食べていかなきゃいけない」ってことが常に頭にあって、レスリングを引退して、大学を卒業して体育寮から出るときも「これからどうしようかな」と思ってましたよね。それで食べることを考えたら、こういう世界（プロレス）があったっていう部分ですよね。もう食べ物はあるし、屋根のある住まいもあってっていう。だからいまこの歳になったって、自分で買ってるのは短パンか靴くらいのもんですよ。なんとか食べていけてさえすれば、そんなほしいものなんて何もないです。ここまで運よく生きてこれた、やってこれたっていう、それだけでもう十分ですよ。

五木田　それはボクもそうですよ。まさか自分が絵で食っていけるなんて思いもしませんでしたからね。もちろん自信はあったんですけど「絵を描いてるだけでは食っていけないだろうな」と思ってました。

長州　いや、じつは俺もね、勉強もしないでノートにマンガばっかり描いてたんですよ（笑）。

五木田　あっ、最初はボクもマンガですよ。

長州　俺の時代は『伊賀の影丸』とか時代劇モノのマンガが流行っていて、それが好きだったんですよね。とみ新蔵っていう人の描くマンガが好きでよく読んでましたよ。だけどアニメで知ってるのは『鉄腕アトム』くらい。いまの時代のものはまったくわかりません。これは言ったらまずいのかもしれないですけど、みんないい歳をしてアニメとか詳しいですよね。それが俺にはまったくわからないですよ。

五木田　アニメに詳しい長州さんっていうのは、ちょっとイメージしづらいかもしれないですね（笑）。

長州　先生もそう思うでしょ？　まあ、話は変わりますけど、あくまでこれは俺の感じたことですよ？　間違っていたら言ってくださいね。先生が描かれる絵というのは、何かこう、色に鮮やかさっていうのがなくて、単純に言ってしまえば、ちょっと暗いような……。

五木田　ああ、暗めですね。本当にそうなんですよ。

長州　中には長く見ていると、なんか胸が苦しくなってくるような絵もあって。それってなんなのかなって思ったんですよね。

五木田　うーん、なんでしょうね？　まあ、ボクにも暗黒時代みたいなのがあったので、そういうのが関係してるんですかね？　もういろんなことがしんどくなって、一度メキシコに逃亡しちゃったことがあるんですよ（笑）。

長州　あっ、メキシコに？

五木田　そうなんですよ。長州さんもブレイクする前にメキシコ遠征に行かれてましたよね？

長州　行きましたね。あれは半年くらいでしたね。

五木田　ボクは1カ月弱くらいでしたけど、目的もなく、メ

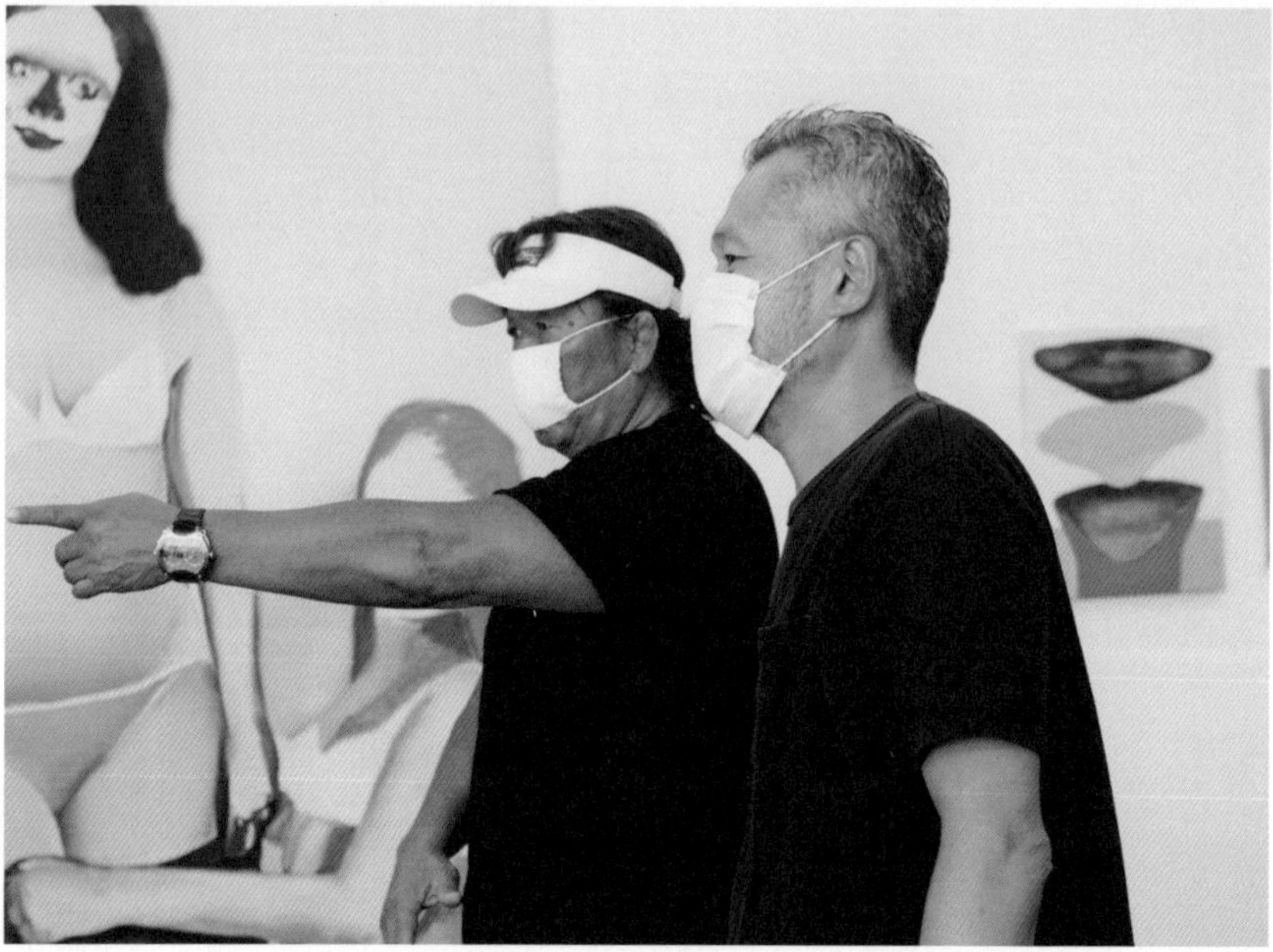

キシコシティにあるストリップ小屋とかによく行ってたんですよ（笑）。
長州　先生、それは病んでますね！（笑）。
五木田　めちゃくちゃ病んでましたよ！　まあ、単なるスケべっていう説もあるんですけど（笑）。
長州　あんまりスケべそうなふうには見えないですけどね。まあ、俺はそういうところにはまったく行かなかったですよね。

「俺の場合は日本に帰ってから何をしようとかって、そんなことはまったく考えていなかったですね」（長州）

五木田　いや、その頃はマジで病んでたんですよ（笑）。もう毎晩のようにストリップを観に行ってて、たまにあの頃の思い出が急によみがえってくるときがあって、「楽しかったな〜、メキシコ」ってなるんですけど。長州さんはメキシコはダメでしたか？
長州　いや、好きとか嫌いとかじゃなくて、俺は免許証を買いに行っただけですから。
五木田　あっ、その話は何かで読みましたね（笑）。
長州　いまはもうダメみたいですけど、あの頃は半年くらいメキシコに滞在してさえすればクルマの免許証が2000円くらいで買えたんですよ。
五木田　なんかそうらしいですね。
長州　だから本当はもうちょっと早く日本に帰る予定だったんですけど、「あともう少しで半年が経つんだから、もうちょっとだけ！」って駄々をこねて（笑）。
五木田　アハハハハ。
長州　先生は何が嫌で、メキシコに逃げたんですか？
五木田　ボクはですねえ、当時いろんな仕事をしていたんですよ。絵だけで食べていくのはやっぱり大変で、デザインの仕事とかもやっていて、CDやレコードとかのジャケを作ったりとかしてたんですけど、それでもう自分が何をやりたいのかわかんなくなっちゃって、頭の中がぐちゃぐちゃになってきて。それでちょっと小金を持ってたのでメキシコに逃亡したんですよ。ひとりで行って、向こうでなんにもしないでだらだらと過ごしてましたねえ。
長州　なんのあてもなく？
五木田　そうですね。もう宿の手配とか何もせずに行きましたね。それで毎週ルチャリブレを観て、ストリップを観て、昼間からビールを飲んでっていう（笑）。長州さんのメキシコ時代って肉体的にもバリバリでしたよね？
長州　それなのに「このまま日本にいたら絶対に壊れるな」と思ったんですよ。壊れるのが嫌でメキシコに逃げたようなものですよ。
五木田　おー。ボクとめちゃくちゃ似てるじゃないですか！（笑）。
長州　「このままだともう身体がもたないな」と思ったんですよね。あの頃は巡業の試合数も多くて、喉に痰が溜まって吐くんですけど、血が混じっていて血痰になっちゃってるんですよ。もう喉が押しつぶされちゃって「こりゃ、このままいたらダメになる。ぶっ壊れるな」って。それであの頃はみんなよくメキシコに行ってたから「俺もメキシコに行かせて。そうじゃなきゃ俺はもうもたない」ってちょっと駄々をこねてね。それで最初は3カ月っていうことだったんですけど、そうしたら半年で免許証を買えるって聞いたから、ついでに買ってこようと思って（笑）。
五木田　じゃあ、最初からそれ目的で行ったわけではなかったんですね？（笑）。
長州　いや、それも半分くらいはありましたよ。
五木田　半分くらいあったんですか！（笑）。それで長州さんはメキシコから帰ってきて、こっちで大ブレイクするわけですもんね。じつはボクもメキシコから帰ってきてから狂ったように絵を描きまして、それからなんとか食っていけるようになったんですよ。

長州　でも、どうですか？　俺の場合は日本に帰ってから何をしようとかって、そんなこともまったく考えていなかったですね。「帰ったらまた元に戻ってやるしかないんだろうな」っていう感じでしたよね。

五木田　たしかにボクもそういう感じでしたね。

長州　「日本に帰ったら、何か変わったことをやってやろう」とか、そんな気持ちはいっさいなかったですから。

「あまりにも小さなテリトリーでしか生きられないっていう人が最近は多いように感じますよね」（長州）

五木田　ボクも似たような感じではありましたけど、運なのかなんなのか、メキシコから帰ってきた時期に新しい人との出会いとかがあったりして、それからですよね。

長州　ああ、だからそういうアレはありますよね。それを運と言うんだったら、俺も運がよかったのかもしれないですね。要するに自分の努力でもなんでもないんですよ（笑）。

五木田　いや、もがいて努力をしていないと、運って引き寄せられなくないですか？

長州　おっしゃる通り！　おもしろいもので、メキシコから帰ってきたときにリングの中の俺の姿を見て、「アイツ、ちょっと変わったんじゃないか？」ってそういうふうに認めてくれる人間も少なからずいたんですよね。俺自身は「行く前も、帰ってきてからも何も変わってねえぞ」って思ってたんですけど。だからそういう意味でも運がよかったんだろうし、なんか勝手にまわりから違う見られ方をされたっていうのはありますよね。

五木田　じゃあ、自分自身では変わったという意識はなかったということですか？

長州　まったくないですよ。だからいまは「ちょっとあの業界に長くいすぎたな」って思うくらい（笑）。先生ね、おもしろいもので、ちょっと最近怖いなと思うことがあるんですけど。ツイッターとかを教えてもらって書くようになったんですよね。

五木田　もちろん存じ上げていますよ。

長州　いまだにそこになんの意味があるのかよくわかっていない部分があるんですけど。ただ、そうやってあまり理解できていないにもかかわらず、無闇やたらに文字にして書いたときに、顔も見えないいろんな人間からの中傷なり、揶揄も覚悟しなきゃいけないんですよね。

五木田　ああ。いや、でも長州さんは凄いですよ。ボクはツイッターもインスタグラムも何もやってませんからね。めんどくさくて（笑）。

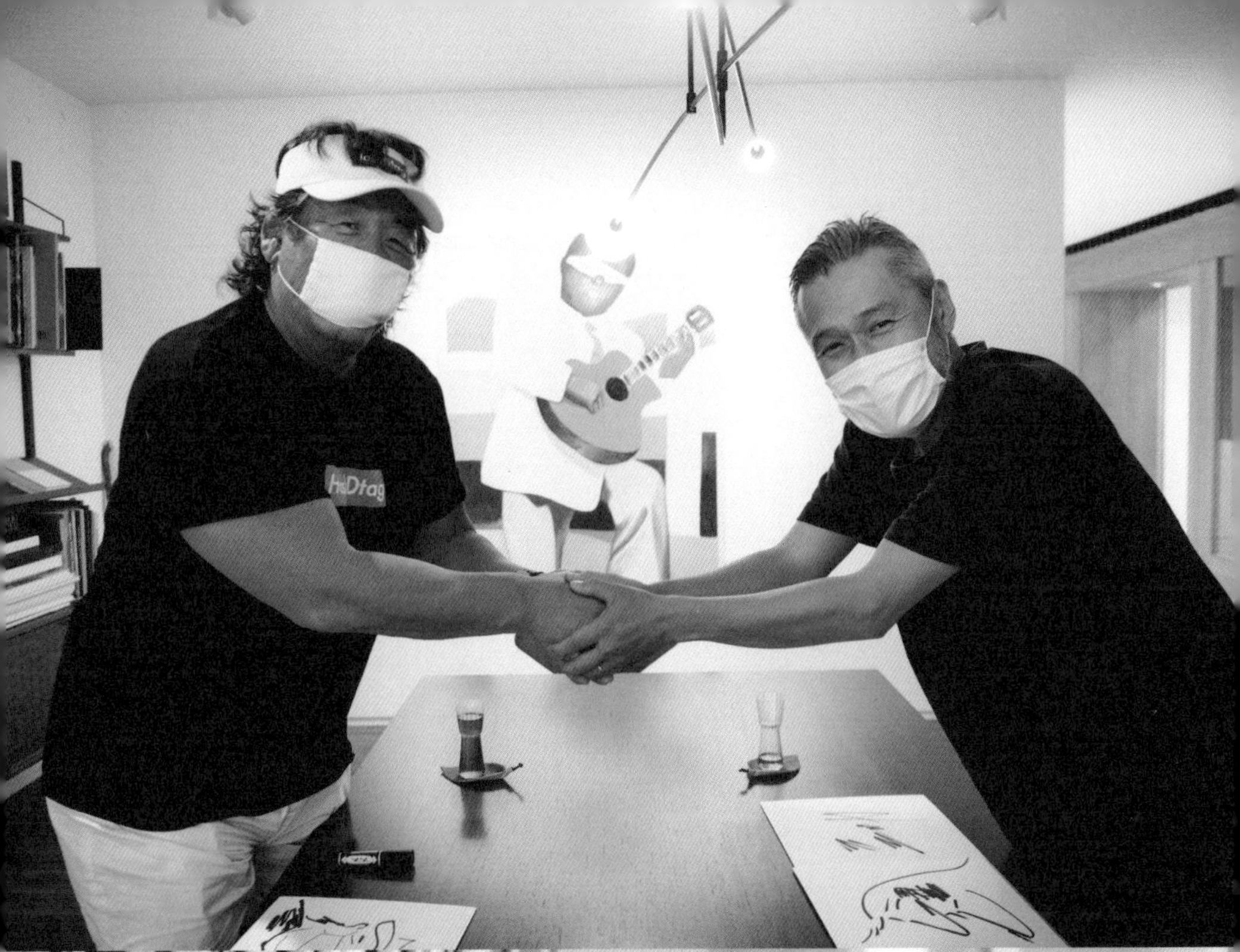
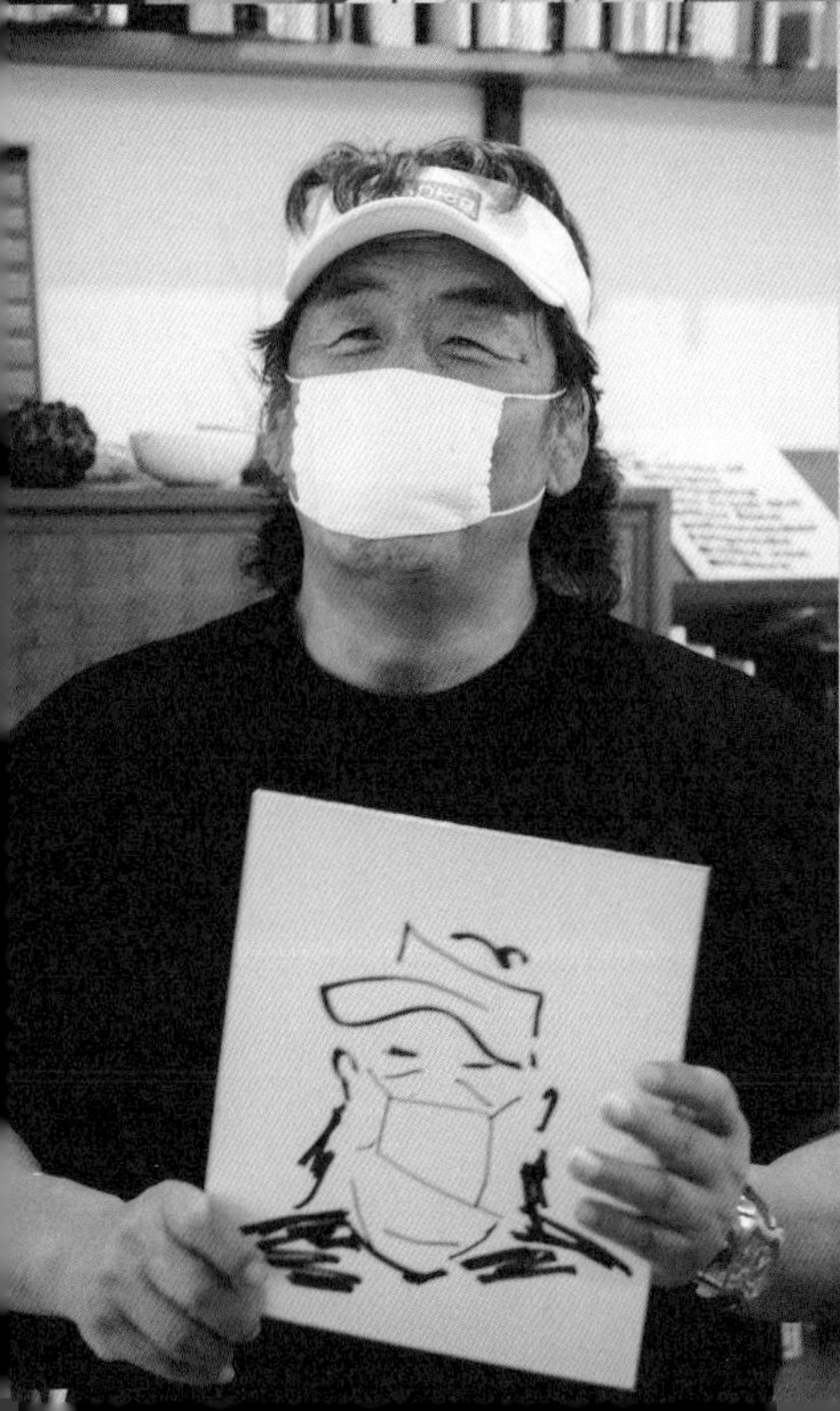

長州　先生にはもう必要ないんじゃないですかね。（急に小声になり）俺はここだけの話、先生のことを信頼して話しますけど、ほんっとにあの融通の利かない選手のバカタレどもをマッチメイクするっていうことを30年近くやって、それで45年間やってリングを降りたときに「これからどうやってメシを食っていこうかな……」って思ったんですよね。

五木田　えっ、長州さんがですか？

長州　ええ。でも、それを家内に聞くのも恥ずかしいじゃないですか（笑）。それで思ったのが、もうツイッターだろうがなんだろうが、とにかく全部やってやろうと思って。それがお米（お金）になるのかどうかも知らないけども、とにかくそれまでやったことのないことをやろうと決めたんですよね。

五木田　いやあ、長州さんのそのチャレンジ精神が素晴らしいですよ！

長州　そんなチャレンジ精神とかそういう大層なものではないんですけど、世の中っていうのはいろんな人間がいて、それぞれがいろんな思想や考え方で生きてるわけですけど、あまりにも小さなテリトリーでしか生きられないっていう人が最近は多いように感じますよね。どうせならもっと弾けたほうがいいじゃないかっていう。まあ、俺なんかが偉そうなことは言えないですけど。

五木田　いえ、おっしゃる通りですね。

長州　でも家族からは「もういい加減、バカなことやらないで」って言われるんですよ。「じゃあ、食えなくなるけどそれでもいいのか？」って（笑）。まあ、もう歳も歳だから、お米も必要ですけど人間関係を楽しいほうに持っていったりするほうがいいですよね。今日だって、先生はもっと気むずかしいタイプの人かと思ったら、めちゃくちゃ気さくなタイプでしたし。

五木田　気さくなんですかねえ。自分じゃちょっとよくわからないですけど。

長州　いやあ、気さくですよ。俺もいまは歳を食ってしまいましたし、孫もいますし、家族とゆっくりする時間も増えて、本当に。まあ、いまはいまで山本くんをはじめとする詐欺集団とぶつかることも多いですけどね。

五木田　詐欺集団！（笑）。

――なんてことを言うんですか……！

長州　だから、なおさら先生のような気さくな人とお会いするとホッとするんですよ。ただ、「こういう才能のある気さくな人が、どうして詐欺集団と繋がってるんだろう？」っていう疑問はありますけどね。

五木田智央（ごきた・ともお）
1969年7月28日生まれ、東京都出身。画家。
国内外での個展、グループ展のほかにカルチャー、ファッション、ミュージックビジュアルなども多数手がける。初期はおもに雑誌媒体などでイラストを発表していたが、2004年頃からキャンバスに描くモノクロの絵が海外で注目を集める。近年のニューヨークやロサンゼルスでの展覧会が『The New York Times』や『ARTFORUM』のアートレビューで高い評価を受けるなど、世界的評価を獲得する。作品集に『ランジェリー・レスリング』（リトルモア）、『OH! 天国』（artbeat publishers）、『シャッフル鉄道唱歌』（天然文庫）、『TOMOO GOKITA THE GREAT CIRCUS』（torch press）、『777』（888ブックス）などがある。本誌でも『画画画報』を好評連載中。

長州力（ちょうしゅう・りき）
1951年12月3日生まれ、山口県徳山市（現・周南市）出身。
プロレスラー。
専修大学レスリング部時代にミュンヘンオリンピックに出場。1974年に新日本プロレスに入団し、同年8月にデビューを果たす。1977年にリングネームを長州力に改名。メキシコ遠征後の1982年に藤波辰爾への噛ませ犬発言で一躍ブレイクを果たし、以後、"革命戦士"のニックネームと共に日本プロレス界の中心選手となっていく。藤波との名勝負数え唄や、ジャパンプロレス設立からの全日本プロレス参戦、さらに新日本へのUターン、Uインターとの対抗戦など、常にプロレス界の話題のど真ん中を陣取り続けた。2019年6月26日、後楽園ホールで現役ラストマッチをおこなった。

魅力の発掘師たちの邂逅。
稀代のスタイリストが朝倉兄弟の恩人を深掘りする！

山本康一郎

［スタイリスト］

自分の中には“僕”と“俺”がいる。
仕事もその両方で
『どっちの自分だと勝てるか？』と
判断しながらやってる

堀鉄平

［弁護士］

ビジネスも投資も自分でやっている人が
儲かるし、強い。人からお膳立てされて
やることって儲からないですよ

収録日：2020年9月9日　撮影：タイコウクニヨシ　写真：©RIZIN FF　構成：井上崇宏

The Ennoy
Professional

「井戸を掘れば暮らしが生まれるよね。勝手に堀くんのことを自分と近い人間なんじゃないかと思っていて」（山本）

山本　はじめまして。どこの何者なのかわかんないと思うんですけど、安心してくださいね。

堀　いえいえ、とんでもないです（笑）。よろしくお願いします。

山本　でも、こういう『KAMINOGE』みたいなとこって本当は全然臨みたくないんですよ。作ってる人には申し訳ないけど、もっとオシャレなところで生きてるんで。

——つ、作ってる人、私！　目の前にいます……！

堀　ボクも『KAMINOGE』さんには1回出させていただきましたよね。そのときは大井（洋一＝放送作家）さんに取材してもらって。

山本　あっ、不良相手にオラオラかます大井？　でも堀くんが不良相手にオラオラかますの元祖でしょ。

堀　あー、そうですね（笑）。

山本　ボク、堀くんのシルエットが凄く好きでね。

堀　あっ、そうですか？　若干猫背ですけどね（笑）。

山本　けっこうシルエットとか顔つきに興味を持つんですけど、シルエットが不思議な人って、中も不思議なんですよ。それとボクができないことができるっていう顔をしてる。自分ができないことができる顔をしてる人を見ると、うれしいから（笑）。だから今日もちょっと緊張してるし、YouTubeとかいろんなので観ていて会いたいなとずっと思ってて。

堀　とんでもないです、本当に。

山本　ボクは魅力の発掘っていうか、〝井戸掘り〟って呼んでるんだけど、井戸を掘れば暮らしが生まれるでしょ。そうしたらまた次の井戸を掘りに行こうってことをやってる人間なんですね。それで勝手に堀くんも自分と近い人間なんじゃないかと思っていて。

堀　ああ、なるほど。

山本　自分の場合はスタイリストなんだけど、有名じゃないけど一生懸命にやっている洋服のブランドとか、気合いが入ってモノづくりをしているデザイナーとかを発掘して、人や仕事を紹介したりしているんです。それって堀くんが朝倉兄弟を拾い上げて、東京に呼んだりしたのと似てるじゃないかなと。

堀　そうですね。彼らと出会ったきっかけは、同じTHE OUTSIDER（ジ・アウトサイダー）で試合をしていたからなんですけど、井上さんはアウトサイダー時代から朝倉くんたちの取材をしてましたよね？

——してました。堀さんはアウトサイダーの選抜が韓国のRoad FCと5対5対抗戦をやるってときに、指揮をとって合宿をやられたんですよね。

山本　あれは私的な合宿だったんですか？

堀　そうです。主催者側は関係なくボクが勝手に（笑）。そのとき一緒に合宿をやったメンバーがボクとRyoくん、伊澤寿人くん、渡辺竜也くん、そして朝倉海くんだったんですけど、海くんとはそこで初めて接点ができたんですね。それでスパークリングをしたら、ひとりだけ全然違うんです。

山本　何が違ったんですか？

堀　隙がないんです。体幹も強いし、倒してもすぐに立ち上がるし、そもそも倒せなかったりする。全動作において別格みたいな感じだったんですよ。

山本　彼らは子どもの頃に相撲をやっていたんですよね。

堀　そうです。でも相撲をやってる人でも、倒しちゃえば起き上がれない人もいるでしょうけど、彼は起き上がる力も凄いし、寝技もできる。もちろん打撃も強い。

山本　堀くん自身はどうして格闘技をやろうと思ったの？

堀　ボクは普通にPRIDEで桜庭（和志）vsホイス（・グレイシー）なんかをテレビを観ていて、「やりたいな」と思ったからですね。でも当時は司法試験の勉強をやっていたので「試験に受かったらやろう」と思っていて、26歳で司法試験に合格したときに平直行さんがやっているストライプルっていうところで柔術を始めたんです。それでのちに早川（光由）先生とご縁ができて、トライフォースの赤坂支部を出させていただいてっていう感じですね。

山本　弁護士になったのと、柔術を始めたのが同時期なんだ。

堀　ほぼ一緒です。それでアウトサイダーには30歳くらいのときに出たんですけど、柔術しかやっていない状態でMMAとか打撃はいっさいやらずに出て（笑）。それでも最初は勝てたんですよ。

山本　アウトサイダーの1回目の大会から出てるんですよね。

堀　そうです。だから誰が出てくるのかもわからないし、控室は本当にヤバかったしっていう（笑）。瓜田純士くんとか加藤友弥くんのような人たちプラス、その取り巻きとかがいっぱいいて。

山本　堀くんは不良じゃないのに、なんで不良の大会に出ようと思ったの？

堀　いや、不良の大会って知らずにアマチュア格闘技くらいの感じで応募したんですよ。

山本　でも、募集要項とかをよく見たらわからないですか？（笑）。

堀　そうですよね。会場に行ってみてわかりましたね。

「基本的に自立しているということが朝倉兄弟の強さの秘密です。そこでお手伝いをすることがあればボクがする」（堀）

山本　やっぱ堀くんって変だよね（笑）。失礼な言い方かもしれないけど、YouTubeを観ていても、温厚そうだけどどこか様子がおかしいもん。いま楽しみにしていることってなんですか？

堀　仕事してるのが楽しいですけど、じつはいまジムを拡張したいと思っていて。まだ確定じゃないですけど、朝倉兄弟、特に弟の海くんは海外志向が強いので、普段ジムとかリングでやってるのと、金網で直径9メートルの八角形とではかなり勝手が違うと思うんですよ。ケージの使い方もそうですけど、距離もリングより全然広いので、実際の試合に合った練習環境のほうがいいと思って直径9メートルの金網がある広いジムを出したいなと。朝倉兄弟のおかげで会員さんも増えているので、移転じゃなくて、いまのところも残しつつ近くに出せたらと思っています。今日もこのあとその物件の内覧に行くんですよ。そういうのはいま楽しいことのひとつですね。

山本　聞いているだけで楽しみですね（笑）。ボクも宇野薫っていう選手のセコンドを2004年の年末から2010年まで6年くらいやっていたことがあるんですよ。格闘技は空手しかやったことがない素人なんですけど、あるとき薫から「セコンドをやってくれ」って言われて。いま、そういう展開を堀くんと朝倉兄弟がやろうとしてるのって、総合格闘技にとって絶対にいいことじゃないですか。だから聞いていて、すげえうれしいですよ。

堀　堀口恭司選手みたいに海外のメガジムでコーチもすべて揃ってるっていうのもいいんですけど、やっぱり食事だったり家族とかそういうのも大事なので、日本にいながらその環境が実現したらベストだと思うんですよね。だから金網をボンと置けるような巨大なジムを作って、海外ジムに負けないくらいの環境を整えたら、海くんや未来くんの練習相手もいくらでも来てくれると思うし。それでUFCのチャンピオンにでもなったら楽しいですよね。

山本　やっぱり海外に行っちゃうと、選手のいろんな情報が漏れると思うんですよ。外国人って噂好きだから研究もされやすい。

堀　たしかにオープンですよね。

山本　だけど、海くんみたいに日本製というか、ずっと日本でやりながら勝負する選手が出てくるのも楽しみだし、ぜひそれは実現してほしいな。

堀　ちょうど、自分のYouTubeで自己紹介の動画をあげたんですけど、そこでボクは5年以内に達成するであろう目標を5つぐらい掲げて、最後に「朝倉兄弟がUFCチャンピオンになる」って言ったんですよ。そうしたら海くんがそれを観ていて「ボクもそれ、達成するようにがんばります」って感じなんですよ。じゃあ、これは環境を整えるしかないなと。

山本　世界一を獲るためにやらなきゃいけないことってなんですか？

The Ennoy
Professional

堀　格闘技に限らず、何かの分野でですか？

山本　限らずです。でも共通していることですよね。

堀　私は世界一じゃないので何も説得力はないんですけど（笑）。

山本　いやでも、目指そうとしているじゃないですか。

堀　そう、まずは目指さないとダメですよね。どこかで「どうせ世界一は無理だろ」とか目標設定が下だと、自分が設定した目標を超えることってない。最初の目標設定が世界一じゃないと、世界一にはいけないっていうのがあると思うんです。世界一を目指した結果、そこまではいかないけどいいところまではいったっていうのはあるんでしょうけど、「UFCのランキング入りすればいい」くらいの目標になっちゃってるとたぶんそこで止まっちゃうし、練習のやり方とかも全然違ってくると思うんですね。日々の食事や研究もそうでしょうし、時間の使い方とかトップになるための努力と、ランクインくらいすればいいなっていうのとでは質と量が全然違うので。

山本　コーチの強化みたいなことを考えたりもするんですか？

堀　未来くんや海くんはそういうことも自分で考える人たちなので、べつにボクが口を出す話はいままでもなくて。それで結果を出しているので特にこれからボクがコーチをあてがうとか、そういうことは考えていないです。まあ、もし壁にぶつかったとして、それが必要ならやるんでしょうけど、いま海くんなんかはボクシング技術が足りないってなったらボクシングジムに通い始めたり、自分で全部考えてやっているんですよね。自分で考えてやりたいことは自分の力、とはいっても金網を作るとかはたぶんできないので、そういうところでのお手伝いをすることがあればボクがする。基本的に彼らは自立していますね。その自立しているということが彼らの強さの秘密ですね。

山本　堀くんは環境を整えるだけ。

堀　そうです。結局はビジネスも投資も自分でやっている人が儲かるし、強いんですよね。人から用意をされて、たとえば投資ならパッケージ商品を買うだけとか、人が建てたマンションを新築で買うとか、そういうお膳立てされてやることって儲からないですよ。格闘家だってコーチに練習メニューを全部考えてもらって、食事も栄養士に用意してもらって、試合も主催者が用意した試合をやるとか、そういうのじゃなくて彼らは自分たちで考えてやってるので。

「堀くんと朝倉兄弟の関係って新しいと思う。あなたたちの雰囲気は凄く正しいし、正しい香りがするんです」（山本）

山本　堀くんの仕事のやり方もそうですか？

堀　投資とかは完全にオリジナルですね。不動産投資もたぶん誰もやったことがないやり方で、ブルーオーシャンを見つけて自分で開拓して、それを人に教えられるレベルまで達したので不動産投資塾もやってるんですけど。

山本　堀塾ですね。誰もやったことがないやり方ってどんなのですか？

堀　普通のデベロッパーとかはやらない場所で勝負するんです。普通なら地方や郊外に行って、安い不動産を買ってきて利回りが10パーセントなら10年で元が取れるみたいな、そういう物件をたくさん買うというのが不動産投資のスタンダードなんですね。でも、ボクはあえて都心のど真ん中の投資をするんです。しかも自分で土地を買って建物を建てる。それは本来はデベロッパーがやることなんですけど、そのデベロッパーがやらないようなエリアや規模だから、これまで誰もやっていないんですよね。自分で建てたらめちゃくちゃ儲かるっていうことを見つけてからずっとやっています。そして、これは再現性があるなと思ったので塾生に教えるというビジネスを始めて、現在塾生は200人くらいいます。みなさん本業で成功しているお金持ちの人たちばかりで、その人たちから年会費200万円を払ってでも入りたいって言われているということは、ボクがやっていることが評価されているということでしょうね。

山本　塾生たちからはどういうコメントが多いですか？

堀　たぶん凄く儲かるサービスなので、「あまり多くの人に広

めないで」って思われているでしょうね（笑）。塾生には広くオープンに教えているので、そうなれば競合が増えるわけですから。だからボクが「塾生が増えてる」って言うと、嫌な顔はしますよね。

山本　ボクはいろんなところから連絡は来るんですけど、株とかまったくやらないんですよ。だから投資のことも全然チンプンカンプンで、その先見性だったり発掘力っていうのを堀くんから感じたくて。

堀　情報格差なんですよね。

山本　それはよく言ってますよね。ボクも情報弱者とか情報強者ってよく言う。ファッションもそうですから。情報って大事。

堀　たとえば朝倉兄弟がこうなるのって、井上さんはどう思っていたかわからないですけど、アウトサイダーで活躍していた頃は「しょせんアウトサイダーレベルだ」とか「プロじゃ通用しない」とかってプロの選手や関係者に言われてましたけど、当時のアウトサイダーの仲間からすれば「いやいや、キミたちよりも絶対強いでしょ」って思っていたわけですよ。一緒に合宿したメンバーとか過去に対戦した相手はみんなそう思っているんだけども、観客や接していない人からすれば「しょせんはアウトサイダーレベルだよ」って感じじゃないですか。それも情報格差なんですよね。

――おっしゃるように、アウトサイダー時代に初めて『KAMINOGE』で朝倉兄弟を取材したとき、インタビューを読んだプロの選手たちからの反発っていうのは少なからずありましたからね。

堀　そうでしょうね。

――「俺たちはUFCでも通用する」「日本の格闘技を盛り上げてやる」って言っていたのに対して、「冗談じゃない。取り上げるほうも取り上げるほうだ」っていうような陰口は人づてで耳に入ってきてました。

堀　プライドもあるからでしょうけど、それって情報格差ですよね。

山本　朝倉兄弟は情報に対してのセンスはいいですか？

堀　彼らは凄いです。逆に情報がないところで生活をしていたからこそ。ただ、SNSやYouTubeとかから情報収集できる時代なので、それで貪欲にいろんな技の研究とかをしていたし、いまもしています。

山本　あのふたりの違いってなんですか？

堀　海くんはまんべんなく全部できて、未来くんはある意味で才能が突出しているタイプですよね。過去にRoad FCで未来くんがいきなり不用意なパンチを食らってKO負けしましたけど、そういう穴もあるけど突出してるところは突出してますよね。だけど海くんはそんなに穴もない感じで。

山本　堀くんと朝倉兄弟、その3人の関係って新しいと思う。ドライでもない、ウェットでもない、世代も違う。ボクはプロフィールとかは重視してなくて見てるだけなんですけど、あなたたちの雰囲気は凄く正しいし、正しい香りがするっていうか。

堀　そう思っていただけるのは、彼らはある意味で純粋ですし、完璧だからでしょうね。海くんと合宿をやったときに隙がなかったと言いましたけど、こちらがどんな仕掛けをしてもすべて正しい答えが返ってくるというか、正しい動きをしてくるんですよね。仕掛けに対して、いちばんやられたら嫌なこととかで完璧に対応してくる。それがほかの人とは全然違うところです。未来くんもボクはＹｏｕＴｕｂｅで彼と2回コラボしているんですけど、こちらの質問に対する答えとかも完璧じゃないですか。打ち合わせが全然なくても反射的にすべて正しい答えが返ってくるという意味では、あの兄弟はふたりとも、そのときの最適なことをやっているってことですよね。

「自分の精神状態がいいと成功の確率が高まっていく。勘というのは結局は経験とかに基づいて感じていること」（堀）

――堀さんと朝倉兄弟は、仕事のリズム感というかスピード感が凄く似ている感じがするんですよね。

山本　ウマが合う感じだもんね。

堀　まあ、仲良くやってますよ。スピード感でいうと、たしかにアウトサイダーに出ていたときはまだ不動産をやっていなかったですからね。

山本　どうして不動産をやろうと思ったの？

堀　自分で買ったマンションがめちゃめちゃ値上がったんですよね。1億で買ったのが1億5000万とかになって「なんだこれ!?」って感じですよね。いきなり1・5倍ですから。それってサラリーマンの人がコツコツ働いて何年分なんだって話じゃないですか。それでもともとお金持ちになりたかったので勉強したんですよ。

山本　いまもお金持ちになりたいんですか？

堀　いまはお金持ちになりたいっていうよりも事業をやりたいっていうのがあって。人の役に立つような事業をやって規模を大きくしたら、お金が勝手についてくるんだろうなっていうのはありますよね。

山本　苦手なことってあります？

堀　身体が固いので器械体操とかはできないですね。カラオケにも行かないし。自分が得意なところでしか勝負しないですね。

山本　ビビったりするんですか？

堀　ボクはビビったときはないんですけど、もし何かあると

したら、金利がめちゃめちゃ上がったらですよね。

山本　金利が上がったらビビる（笑）。

堀　政権が交代して、いきなり長期金利が上がって、ボクが借りているお金がすべて金利が上がったらけっこう嫌ですよ。そうなったらかなりビビります（笑）。

山本　朝倉兄弟はまだ勝ち続ける？

堀　正直に言うと、アウトサイダーからＲＩＺＩＮに行くときの未来くんと海くんのモチベーションって凄いじゃないですか。アウトサイダーで終わっちゃうわけにはいかなくて、ＲＩＺＩＮに出てこれからのし上がっていくんだっていう、その気持ちがいまのふたりにはあるのかなって。たとえば、いま未来くんは「条件とタイミングが合えばやりますよ」っていうスタンスで、もうそういう立場になっちゃいましたからね。だからもしかしたらハングリー精神が前よりもちょっとないんじゃないかなって、そこが唯一心配なところですね。いまはおいしいものを食べて、お金もあって、ただ練習はしているから強い。だからこそ、もったいないとは思いますけどね。豊橋から出てきたときのハングリー精神は凄かったですからね。

山本　顔つきはだいぶ変わりましたよね。

堀　だから朝倉兄弟も「不動産投資をやりたい」とか言ってるんですけど、引退してからでいいかなと思ってボクからは勧めないですね。やっぱりハングリー精神があったほうが強いじゃないですか。

山本 そばにいてちょっと贅沢を共有したりするじゃないですか。そのときにだんだんといいのか悪いのか、ちょっと考えたりしますよね。格闘技のコアな部分じゃない、生活とかまわりのことって選手にも影響しますから。ゲンとか担ぎますか？　好きな数字があるとか。

堀 そういうのはまったくないですね。だから物件を建てたときも地鎮祭とかやらないですから。あれなんか茶番だと思ってるくらいなんで。

――ほ、堀さん！　ウチの実家、神社です！

堀 あっ、そうなんですか（笑）。申し訳ないですけど、今後も地鎮祭はやりません。

――茶番って……（笑）。ジム開きもやらないですか？

堀 やらないですね。

山本 神棚も飾らない？

堀 ないです。

山本 自分に運はあると思いますか？

堀 運というか確率が高まるっていう意味では、自分の精神状態がかなり影響すると思うんですよね。いいと思っていると確率が上がるんです。思考は現実化していくので、先程の「世界一を目指さないと世界一にはなれない」って言ったのと同じように、運がいいと思っていないと運気は上がっていかないと思います。

山本 勘はどうですか？

堀 勘もあると思います。ただ、勘っていうのは結局は経験とかに基づいて感じているんですよね。その能力はあると思います。

「どの業界でも派手なヤツは二番手、三番手。トップのヤツはシンプルで、色使いも落ち着いている」（山本）

山本 あと、ちょっと頭が狂ってるようなアホなことを聞いてもいいですか？

堀 あっ、はい。

山本 日本の擬音って凄いと思うんですよ。日本は擬音王国らしいんですけど、自分を擬音でたとえたらなんですかね？

堀 自分ですか？（笑）。逆に客観的に見てどうですか？

山本 いや、それはダメ。たとえば、ボクだったら「ワチャワチャ」とかになるんだけど。

堀 うーん、なんだろう……。でも、それはいい質問ですよね。自分をどう分析してるかって話じゃないですか。どっちかと言えば力強いのか、繊細なのかっていう縦軸と、短期的なのか長期的なのかという横軸というか。きっと、それが擬音にすることによってわかるんでしょうね。

山本　頭いいね（笑）。

堀　それは本質を得た質問ですよ。でも他人のことのほうが言いやすいんでしょうね。

山本　自分にあだ名をつけるみたいなものですからね。

堀　たとえば、海くんだったら「スラスラ」って感じなんですよ。スラスラなんでもできちゃう優等生っていうような。それで未来くんは「ゴツゴツ」みたいな感じですかね。ゴツゴツしてぶつかったら痛そうみたいな。

山本　でも「ゴツゴツと思いきや」っていうのはない？「ゴツゴツ」と思って触るとじつは、っていう。

堀　あー、じつは凄く繊細だったりしますよね。

山本　触ったらどんな感じですか？

堀　「ヌルヌル」とか（笑）。

山本　「スラスラ」の海くんは触るとどうですか？

堀　海くんは触ってもたぶん一緒だと思いますよ。

山本　「サラサラ」くらい？

堀　「サラサラ」ですね。未来くんは最初はゴツゴツしていて、人によってはとっつきにくいと思わせておいて、情に厚かったりするので「ゴツゴツ」「ヌルヌル」で（笑）。そういう観点で自分を思うと、ボクは海くんよりも未来くん寄りだと思いますね。そんな「スラスラ」、優等生っていう感じではないんですよ。

山本　「パサパサ」とかとも違うもんね。もっとパサってるかなと思ってたんですけど、今日会ってみたら全然パサってなくて。

堀　アウトサイダーに出ている時点で普通じゃないですからね（笑）。

山本　自分の中には「僕」と「俺」がいると思ってるんですね。そのときどきで「俺」が出たり「僕」が出たりするんですけど、だから今日こうやってしゃべっていても、丁寧語になったり、フラットになったりしちゃうし。

堀　だから擬音語もふたつあるんでしょうね。

山本　そのふたつがあるんで、自分は「ワチャワチャ」って思うんですよ。

堀　どっちなんだ、っていう。

山本　仕事もその両方で判断してやってますね。「僕」判断と「俺」判断で、「どっちの自分だと勝てるかな？」みたいな。

堀　ボクは仕事とかＹｏｕＴｕｂｅをやっているときの自分と、プライベートな時間の自分は違いますよね。

山本　音が違う？

堀　違いますね。たぶん仕事やＹｏｕＴｕｂｅでは、自分で言うのもなんですけど「キレキレ」を目指しているんですよね。キレを出そうとしてます。でもプライベートだと「キレキレ」ではなく「ヌルヌル」してますね。まあ、ウェットな感じですよ。ドライではないです。

山本　そのヌルヌル温度は？

堀　温度？　38度くらいじゃないですか（笑）。でもボクは外だとけっこうドライだと思いますね。仕事とかもドライですよ。

山本　っていうことは、堀くんは「キレヌル」だ。こういうのを話していて楽しいのは、思いも寄らない表面的な音と内面的な音が重なるからで、「それとそれの組み合わせてって普通はないよ」ってなるからなんだよね。それってかなりオリジナリティがあるってことでしょ。だから普段も「アマアマ」と「チョメチョメ」とか言ってて、ほとんど風俗みたいですけど（笑）、なんかそういう擬音にして遊んでる。オリジナリティって、人が作るものだったり、その人そのものだったりするけど、それを擬音にしてみたらやっぱりオリジナリティが浮かび上がってきて凄く楽しいんですよ。

――以前、山本さんから「どの業界でも派手なヤツは二番手、三番手だ。トップのヤツはシンプルで、色使いも落ち着いてる」という話をしていただいたことがあって、「たしかに」と思ったんですね。それで未来選手に会ったときに、彼は金髪とかにしていた時期もありましたけど、いまはずっと黒髪の中分けじゃないですか。それで山本さんのその話をしたら、彼は一発で理解して「ああ、なるほど。ボクはもう黒でいくでしょうね」って言ってたんですよ。

堀　たしかに格闘家って茶髪や金髪が多いですからね。

山本　あとは入場で刀とかを持ってくる人とかいるけど、あれは絶対に負けますよね。

堀　アハハハハ。たしかに（笑）。

山本　そういうのをオタクっぽく見るのが好きなんですよ。

堀　（エメリヤーエンコ・）ヒョードルやミルコ（・クロコップ）みたいに静かに殺すみたいな顔をして、サッと入場して、無言でサッと帰るくらいがカッコいいですよね。

山本　堀くん、今日は楽しかったです。また機会があればお会いしましょう。じゃあ、サッと帰るね（笑）。

山本康一郎（やまもと・こういちろう）
1961年京都生まれ、東京で育つ。大学時代から『POPEYE』（マガジンハウス）に編集・ライターとして参加。1985年にメンズスタイリストとしての活動を開始。雑誌や広告、CMなどでメンズスタイリングを手がけるほか、ブランドのディレクションにも携わる。2016年、2018年にはクリエイティブディレクターとして2度のADC賞を受賞。自身が手がけるブランド〈スタイリスト私物〉は、その時々によってさまざまなブランドやアーティストとの協業でアイテムを作っている。

堀鉄平（ほり・てっぺい）
1976年3月28日生まれ、兵庫県出身。弁護士法人Martial Arts代表。トライフォース赤坂代表。中央大学法学部卒業後、2002年に司法試験に合格して弁護士になる。格闘家としても活動し、2008年より前田日明が主催する『THE OUTSIDER』参戦。2009年、弁護士法人Martial Artsを設立し、朝倉兄弟を擁するトライフォース赤坂の代表も務めている。弁護士としての活動の傍ら、不動産投資にも従事し、2019年からは「弁護士堀鉄平の不動産投資塾」を開設。

鈴木みのるのふたり言

第87回

自分をぶっ壊す

構成・堀江ガンツ

――そういえば、今日（9月7日）で横浜文化体育館が正式に閉館なんですよ。

鈴木　ああ、そうなんだ。でも文体の話はもういいよ。

――もういいですか（笑）。

鈴木　いままでしゃべってきたし、こないだもしゃべったし、もういいよ。

――大日本プロレスの「ラスト文体」に出たとき、バックステージで全部しゃべったと。

鈴木　あらためて言うなら「古いものは取り壊され、なくなり、新しいものをその上に建てる。その繰り返しだからいいんだよ」ってことかな。思い出はそれぞれの心の中にあればいいんじゃないの？　いつまでも「思い出のなんとかがなくなってしまうのは」とか何を言ってるんだよ。思い出も何も、俺は自分が通っていた小学校の校舎ももうないよ。みんなで遊んだ駄菓子屋ももちろんないし、俺がプロレスに入るまでの18年間住んでた実家の建物も変わっちゃってる。高校時代のレスリング道場もなければ、お世話になった先生もいないし、古いものがなくなるのは当然なんだよ。

――新日本の合宿所も『大改造!!劇的ビフォーアフター』で変わっちゃいましたからね。

鈴木　いざ、取り壊されるときになって「残念だ」とか言うでしょ？　そんなのあるときに言っておけばいいんだよ。

――閉店セール的な盛り上がってありますよね。今年、閉園前のとしまえんにもやたらと人が押しかけたりとか。

鈴木　そういうのみんな好きじゃん。特にプロレスファンは「思い出の」とかさ。あるときにはいっさい見もしなかったくせに、さあなくなるってなったら急にね。

――横浜文体もあらためて客席のイスなんかを見ると、ボロボロですもんね（笑）。

鈴木　古いよ。だって、もうできて50年くらいでしょ？

――1962年オープンらしいので58年だそうです（笑）。

鈴木　とにかく2階の座席がちっちゃいからね。……ってか、いいよ。そうやって無理やり文体の話を広げなくても（笑）。

――じゃあ、なんの話題にしますかね。

鈴木　俺が最近、あいかわらずムカついてるのはツイッターなんだけど。

――またですか（笑）。

鈴木　くっだらねえことばっかり（リプライで）言ってくるヤツがいるから、もうツイッターとかやめたいのよ。

――ファンは鈴木さんと絡みたいんじゃないですか？

鈴木　いやいや、俺は友達じゃないんだから。おまえとなんか会話もしたくないし。突然「鈴木さんよ～」とか絡んでくるヤツもいるけど「おまえは『あばれはっちゃく』に出てくるオッサンか！」と思ってね。

――『あばれはっちゃく』ネタがだいぶオッサンですけどね（笑）。

鈴木　でもマジで気持ち悪い。「うるせえよ、黙って見とけよ」って。ツイッターに関してはもう「俺が趣味で写真を撮って発信してやってる、以上」でいいんだよね。べつにフォロワーと交流なんかしたくないもん。

――直接、批判的なリプライが来たりするんですか？

鈴木　批判っていうか「批評」をしてくるヤツがいるんだよね。そういうのはいらないんで。残念ながらバンバン消していくからね。「はい、ざんねーん」って。

――もう一発アウトで。

鈴木　一発アウトもいっぱいいるよ。以前どっかの会場で、アナウンサーに「52歳とかいちいちうるせーんだよ。年齢とか関係ねえだろ」って言ったときに、すぐにガキが「鈴木さんは52歳なのに凄いですねw」って書いてきてね。反応してもらおうと思ってわざとそういうのを書いてくるヤツがいるから、残念ながらすぐにブロックしてやりました。

――「w」がウザいですね（笑）。

鈴木　っていうか、ツイッターとかもういいかなって。いまはこっちは宣伝するためだけに使ってる感じだから。

――だから、いまはリプライを非表示にするっていう機能もあるんですよね。あと、フォローしているアカウントだけがリプライできるとか。

鈴木　それにしようかな。「うるせーよ。おまえの意見なんて聞いてねえし」って。持論の展開を始めちゃうヤツとかいるでしょ？　だから昔2ちゃんねる（現・5ちゃんねる）でガタガタ言ってたヤツらが表に出てきた感じだよね。

――いまは匿名の人が、有名人に直接話しかけられるようになっちゃいましたからね。

鈴木　もういいよ。俺は容赦なくそういうヤツの存在を消すんで。フォローも外してもらってけっこう。見たい人だけが見ればいい。そういうふうにやってると、今度は褒めてるヤツも気持ち悪く感じてきちゃうんだよ。「凄いですね、カッコいいです！素敵です！」って書いてくるヤツのがバーッと並んでるのを見ると、これもまた「うるせー」って思うの。「おまえに褒められたくてやってんじゃねえよ！」と思って。俺、ねじ曲がってる？（笑）。

――要は、どっちみち反応してほしいってことなんでしょうね。

鈴木　そういうのはいいです。たとえば、こないだの神宮球場の試合から家に帰って、撮った写真とかをまとめて加工したりとかしてるとき、チラッとツイッターを見ると、そういう言葉が目につくわけですよ。なんかターザン山本がいっぱいいるような感じなんだよな。めんどくせー。

――「ターザン山本がいっぱい」ってなんかのタイトルになりますね（笑）。

鈴木　うぜー。暑苦しいねえ。

――画面から飛沫が飛んできそう（笑）。

鈴木　ちなみにターザン山本はこの店（原宿『パイルドライバー』）に来たことないけど、来ても店に入れないから。入れたらうるさいのは確定だからね。

――ターザンは実生活でブロック（笑）。

鈴木　古くは同じ時代にプロレスの世界で文化を作ってきた人間ではあるけれど。まあ、いいです。

――かつてはハードな絡みもありましたからね（笑）。

鈴木　年季の入ったプロレスファンがいるじゃん。50代とかの。そういうヤツらはそういうのを知りたいんだろうね。昔の裏話とかさ、知ったところでなんなんだろうね？

――マニアの欲求には底がないんですよ。

鈴木　マニアだろうが一見さんであろうが、俺にとってはいまチケットを買ってくれる人が俺のお客さんであって、いまお金を払わないヤツは客じゃないから。「昔、観てました」とかさ、それは昔話が好きな人と話しててくれと。あとはプロレスにおける知識がやたらあって「あのとき、こうでしたよね」とか絡んでくるヤツ。ガンツみたいなめんどくさいのが増えたんだよ。

――「ガンツみたいにめんどくさい」って言わないでください！

鈴木　今回の副題「ガンツめんどくさい」（笑）。

――ガンツめんどくさいし、ターザンはいっぱいだし、今回はロクな話じゃないですね（笑）。

鈴木　でもこれはキャリアを積んだベテランのファンとか、40〜60代の金曜8時のプロレスを観てたくらいの世代がどうこうではなくて、現代の中学生でもそういう予備軍はたくさんいるからね。

――最近のファンに対して、数年間の知識でマウントを取ろうとするわけですか（笑）。

鈴木　すでに知識のひけらかし合いが始まってるよ。そういう子に対しては「大丈夫かー！」って頭をゆすりたくなるよね（笑）。「プロレスのおもしろいところはこうだ」とか、決めつけたらダメだと思うよ。もちろん、その一点を追求するおもしろさもあるんだけど、絶対に頭打ちになるんで。世界が狭いままだからね。だから広げていく作業も一緒にやっていかないと、プロレスを長く観ててもつまらなくなっちゃうよ。

――簡単に言うと、飽きてしまうという。

鈴木　よく言うじゃん、「プロレスは長く観てるとおもしろい」とか。それはおまえの中での知識量が増えて、興味があるところが増えてるからおもしろいと感じてるだけであって、興味がないところが増えてもおもしろいと感じないわけじゃないですか。たまたまなんですよ。最初からその興味の幅を広げておけば、もっとおもしろいってことなので。

――思い出の再利用じゃなくて、新しい興味を広げていったほうがいいってことですね。

鈴木　この店に来る人でも、昔の話しかしないヤツがいっぱいいるよ。俺にもするし、松本浩代にもね。（横にいた松本に向かって）よくされるだろ？

松本　自分が生まれる前の話とかもけっこうしてきますね（笑）。
――クラッシュギャルズの話とか（笑）。
鈴木　そういう話をされたら俺はバッサリ切るからね。「知らない！」って。思い出には生きてないんだよ。長く観てる人で「あのときと比べると、いまの試合はおもしろくなかった」とか「あのときより今回のがいい」とか、過去にとらわれた言い方しかできない人がたまにいて、なんかかわいそうだなって思うときがあるんだよ。毎回フラットにしてたら、きのうまで興味がなくても「これ、めっちゃおもしろいじゃん！」って思うのがいっぱいあるんだけどね。女子プロだったら「DEATH山さん。」とかさ（笑）。
――ほかのスポーツ、たとえばプロ野球とかサッカーのファンは、長く観ていても、いまやってる試合をいちばん楽しんでますよね。今日の試合結果がいちばん重要というか。その点、プロレスファンはちょっと特殊な気がします。
鈴木　プロレスファンはとにかく過去に生きるよね。それは最近ファンになった女のコのファンでもそう。「あのとき見た内藤（哲也）さんのあの姿がカッコいい」とかさ。「でも、あのときの内藤はもう二度と見れないよ」っていつも思うもんね。「このときの鈴木さんが凄い好きで」って言われても、いまの俺はもう違う人間なんで。どんどん更新されてるから一緒に更新していかないと、いまの鈴木みのるのカッコよさを見逃すよって。
――そう言われると、思い出にとらわれるのがもったいない気がしてきますね。
鈴木　新しいものを得るためには、まず自分をぶち壊すことが大事だよ。みんな自分の中での正義を大事にしすぎ。それは昔の俺がそうだった。自分の中の正義を大事にして「これは許せないな、ここはゆずれない」っていうことばかりだった。でも相手を許さないじゃなくて、自分をぶっ壊すことを最初にやったら、いやー、世の中がおもしろいわ。
――一気に世界が広がったと。
鈴木　聞いたことがないような団体からオファーが来て、それで行ってみたらお客さんが20人くらいしかいなくて、でもおもしろかったりとかね。普通に考えたら断るけど、いざ行ってみるとそこにはそこにしかない世界があったりしてさ。だから踏み出すっていうのは大事だよね。
――新たに踏み出すには、じつは年齢も関係ないですよね。鈴木さんがパンクラス時代の自分をぶっ壊して、新しいことを始めたのは30代半ばですもんね。
鈴木　俺がプロレスに帰ってきたのが35歳だからね。（ロッキー）川村が「いやー、自分ももう40ですからね」みたいなことを言ってるから「それまでの自分なんかぶっ壊せ！　ぶっ壊しちまえ！」って言ったら、ロッキー川村がランボー川村になっちゃった（笑）。
――新シリーズに生まれ変わったと（笑）。
鈴木　アイツは自分をぶち壊すことに渋ってたんだけど、ロッキー川村を捨ててランボー川村になったら、ヤフーニュースに出たからね（笑）。
――突然マシンガンを持ち出した、写真のインパクトもまたありましたしね（笑）。
鈴木　あれを生かすも殺すも川村次第だよ。自分を壊せば、新しいおもしろいものが見つかる。だからプロレスファンよ、目覚めろ。目を覚ませ。ハンマーで叩くのは他人の頭じゃなくて自分の頭だよ。

プロレスがわかれば世の中が、
そして世界が見えてくる。

斎藤文彦×プチ鹿島

活字と映像の隙間から考察する

プロレス社会学のススメ

撮影：タイコウクニヨシ　司会・構成：堀江ガンツ　試合写真：

第6回

女性の地位向上や男女平等が叫ばれている現代社会とプロレスの関係性

かのMMA世界的スターであるロンダ・ラウジーがプロレスに転向し、世界最大のプロレスイベントWWE『レッスルマニア』では女子の試合がメインイベントを務める時代。日本のプロレスシーンでは、かつて世界の最先端を走っていた女子プロレスが、いまやステータス的にWWEに大きく差をつけられてしまった。それはいったいなぜなのだろうか？

「アメリカの女子プロレスは男子興行の中の1試合としてしか発展していなかった。そんな時代はメドゥーサvsブル中野まで続いたんです」（斎藤）

――いま、世界的に女子プロレスが非常に盛り上がりつつありますよね。WWEだと日本人女子選手が3人も大活躍していて。

斎藤　そうですね。アスカはロウのチャンピオンだし、カイリ・セインは先日、WWEでの3年間のステイを終えたけれど、選手からもスタッフからもみんなに祝福されて送り出された。それに代わるようにNXT王者の紫雷イオもメインロースターに上がってくるでしょう。

鹿島　日本人選手が世界のトップで活躍しているわけですもんね、素晴らしい。また、WWEの中でも女子がメインを取ることが増えているんですよね？

斎藤　ロウやスマックダウンでも凄くいい位置で試合が組まれています。WWEの女子部門が正式に「ウィメンズ・ディヴィジョン」と呼ばれるようになり、かつてディーバと呼ばれていた時代とはまったく違いますね。

鹿島　WWEにおける女子レスラーの地位向上というのは、実社会における女性の地位向上や、男女平等が叫ばれていることと無関係ではないんじゃないですか？

斎藤　もちろん、無関係ではないと思います。いまのWWEはステファニー・マクマホンの発言力が凄く強くなっているのもあるけれど、やがてロウとスマックダウンで男子レスラーと女子レスラーが同じ数になることが理想っていう考えなんですね。これはWWEにかぎらず、ほかのスポーツもそうですよね。大坂なおみが時代のトップを走るテニス、ゴルフ、そしてサッカー、バスケ、陸上競技、ホッケー、体操にしてもフィギュアスケートにしても、男子と女子で同じ数の選手がいることが本当の平等で、メディアも性別に関係なく公平に報道することが平等だという考えがやっと広まりつつある。

鹿島　だから、この話題っていうのは、やっぱり「プロレス社会学」ですよね。

——なので今回は、日本と世界における女子プロレスの歴史と地位の推移を聞かせていただけたらと思うんですよ。なぜなら女子プロレスの歴史って、マニアでも知っているようで知らない部分が多いじゃないですか。アメリカの女子プロレス史なんかについては、ほとんど知らない。

斎藤　女子プロレスの歴史や起源を知るのって、けっこう難しいんです。なぜなら、男子のそれと比べて残っている文献がとにかく少ないんです。

鹿島　あ～、なるほど。それはやはり黎明期は見世物的だったりしたこともあるんですか？

斎藤　それもありますね。かつてアメリカにもヨーロッパにも「バーンストーミング」という、幌馬車に乗ってサーカスが街にやってくる、あまり綺麗な言葉じゃないけど「ドサ回り」を意味する興行一座の集団があったんです。プロレスのルーツのひとつとして、そのバーンストーミングには力自慢で大きな岩を持ち上げたりするレスラーがいて。そこに「その大男と闘わせろ！」ってサクラが挑戦してきて闘ったりするショーがあった。

鹿島　ハーリー・レイスが若い頃やっていたというカーニバルレスラーっていうのは、そういうことですか？

斎藤　はい、そうです。多くの場合はその飛び入りのケンカ屋もサクラでレスラー同士だったりするんだけど、たまに本当の飛び入りもいるからシュートでシメなくちゃいけないっていう。そのルーツの中に女子プロレスもあって、そこにコーラ・リヴィングストンっていう選手がいたんです。

——それは戦前の話ですよね？

斎藤　戦前どころか、1889年生まれで20世紀初頭に活躍したチャンピオンです（笑）。

鹿島　もはや歴史上の人物ですね（笑）。

斎藤　デビューが16歳で、1905年。フランク・ゴッチの時代ですよ。だからそのときにはすでに興行としての女子プロレスはあったんでしょう。

鹿島　デビューしたってことは、相手もいるってことですもんね。

斎藤　興行として成立していたということ

ですね。コーラ・リヴィングストンは、幌馬車に乗ってバーンストーミングが街にやってくる時代から、体育館でやるプロレスのルーツまで両方に出ていた人なんです。それで対戦相手もいたはずなんですけど、まず映像がない。写真もポーズ写真は残っているけど、試合写真はほとんどない。だから、どんな人だったのか、わかりにくいんです。

鹿島　試合をしていたことはたしかだけど、それがどんな試合だったのかは、映像も写真も残っていないから、詳しいことはわからないわけですね。

斎藤　このコーラ・リヴィングストンは、のちにAWAというボストンを拠点とするプロレス団体のボスであるポール・バウザーと結婚するんです。

――そのAWAは、バーン・ガニアのAWAとは別団体ですよね？

斎藤　ガニアのAWAよりはるか昔、1920年代にもAWAという団体があったんです。「アメリカン・レスリング・アソシエーション」なんて誰だってつけそうなネーミングでしょ？

――「日本プロレス協会」みたいなもんですよね。ベタ中のベタという（笑）。

斎藤　そのAWAのボスと結婚したということは、どう考えても途中から興行をプロデュースする側にいたんでしょうね。

鹿島　女子プロレスの先駆者であり、プロモーターでもあったと。

斎藤　女子プロレスのパイオニアですからきっと凄いレスラーだったんだろうと考えられています。ただ、現代の人が「力道山ってどれくらいの実力だったの？」っていう素朴な疑問を抱くのと同じように、どういうレスラーだったかがわかりづらい。それで次に1930年代にはクララ・モーテンソンという選手の時代になり、そのモーテンソンに勝って世界王者になるのが、ミルドレッド・バークなんです。

――ミルドレッド・バークは、〝女子プロレスの始祖〟と呼ばれていますよね？

斎藤　なぜ、そう呼ばれるかというと、アメリカにおける一般的な女子プロレスの歴史は、ファビュラス・ムーラとメイ・ヤングあたりから始まったことになっていて、そのムーラ世代より先に世界王者として一時代を築いた人ということで、〝始祖〟と呼ばれることが多いんです。

――〝紀元前〟みたいな感じですね（笑）。

斎藤　ムーラはバークに弟子入りして後継者になったわけではなくて、ちょうどバークと入れ替わるように出てきたスーパースター。アメリカの女子プロレスって、長らくその時代にスターはひとり体制だったんです。レスラーの絶対数が少なかった。日本とアメリカの女子プロがまったく違う発展の仕方をした理由もそこにあって、アメリカの女子プロレスは男子興行の中の1試合、1コマとしてしか発展していないわけです。だからムーラの時代が30年ぐらい続いても、ムーラとその防衛戦の相手しか必要なかった。その男子の中の1試合という時代は、アランドラ・ブレイズ（メドゥーサ）vsブル中野まで続いた。

「JBエンジェルスが世界の女子プロレスに与えた影響は、初代タイガーマスクがのちのジュニアヘビー級のシーンを変えたことと感じ」（鹿島）

鹿島　90年代半ばまで。かなり長く続いたんですね。

斎藤　だからマーケットとしての需要も少ないし、選手数も極端に少ない。80年代後半にWWEでスターになった山崎五紀と立野記代のJBエンジェルスは、レイラニ・カイ&ジュディ・マーチンのグラマーガールズと半年間毎日やってたりとかね。そんな感じだったんですよ。それに対して、日本は最初から女子プロレスだけの興行があった。その違いがいちばん大きいと思います。

鹿島　男子の中の1試合が続いていたのは、なり手が少なかったからでもあるんですか？

斎藤　どちらかといえば、ある意味、日本以上に女子プロレスが差別されていたというか、蔑まれていた部分もあったんだと思います。

鹿島　いまの地位を築くまでには、相当な偏見もあったということですね。

斎藤　いま、WWEではウィメンズ・ディヴィジョンとして男子と同じ「試合」として行っていますけど、それ以前が「ディーバ」だったのは、ビンス・マクマホンが1945年生まれで、その点については昔の人の感覚だったからだと思うんですよ。いくら斬新なことを次々と生み出しても、やっぱりそのあたりの感性は古い人なのかもしれない。

鹿島　ビンスといえども、そのへんは〝おじさん〟の感性なわけですね。

斎藤　だからビンスが総監督をしていた頃は、「ディーバ」だったんです。レスラーなのかモデルなのかわからないようなタイプが多かったのはそのせいかもしれない。ステイシー・キブラー、トーリー・ウィルソンとか「この人たち、試合するの？」っていう。

——スタイルが完全にモデル体型でしたもんね。

斎藤　その流れがベラ・ツインズくらいまで続いたと思うんですよ。だけどトリッシュ・ストラータス、リタ以降は、間違いなくちゃんとしたレスラーですよ。というのは、リタはもともと豊田真奈美のファンなんです。

鹿島　それは素晴らしい！　ディーバではなく、もともと「女子プロレス」を目指していたと。

斎藤　ディーバ以降に、ウィメンズ・ディヴィジョンの選手になった人たちっていうのは「子どもの頃、アランドラ・ブレイズvsブル中野を観てました」とか「凄く小さい頃、ジャンピング・ボム・エンジェルスとグラマーガールズを観たのが、最初のプロレスの記憶です」なんていう選手たちがけっこういるんです。日本スタイルの女子プロレスの影響を受けた欧米人が、いまトップで活躍している。ベス・フェニックスあたりは、アランドラ・ブレイズvsブル中野を観て、レスラーになろうと決心したそうですから。

——日本の女子プロレスが、現在のWWEウィメンズ・ディヴィジョンに、間接的ながら多大な影響を与えているわけですね。

斎藤　もちろん男子のプロレスを観て、レスラーになろうとした人もいるけれど、あこがれの対象としての女子レスラーの存在は主に90年代以降なんです。JBエンジェルスvsグラマーガールズは偶然うまれた名物カードで、1987年のたかだか7カ月くらいの出来事なのに、山崎五紀のミサイルキックや、立野記代のフォールをされたときブリッジでそのまま起き上がる、のちにマトリックスと呼称される動きとかは、次世代に当たるトリッシュがやっている。あれは幼少期に「凄いものを見ちゃった」という記憶があるらしいんです。

鹿島　短期間しか活動していない初代タイガーマスクが、のちのジュニアヘビー級にもの凄い影響を与えたような感じで。

斎藤　そういうことだと思います。女子プロレスというジャンルのイメージが変わったことはたしかなんです。「ムーラの試合はつまんないもん」っていう漠然としたコンセンサスはあったのでしょう。

——80年代の段階で、もうおばあさんでしたしね（笑）。

斎藤　それなのにウィンディ・リヒターに勝ってしまって。リヒターはチャンスはあったけれど結果的にひとつの時代を代表するようなスーパースターにはなれなかった。その時代は、権力者であるムーラと仲良くやれない人はダメだったんです。

——Huluの『ダークサイド・オブ・ザ・リング』のファビラス・ムーラの回でも、そのエピソードはありましたけど、ムーラは自分の地位を脅かす選手は追放したってことですよね。

斎藤　90年代のメドゥーサの場合、自分の対戦相手用にWWEがブル中野を〝輸入〟してくれたからよかったんです。それでメドゥーサ自身、日本に長期滞在して全女のスタイルを身につけて、それを直輸入することで、アメリカの女子プロレスが変わるひとつのきっかけを作ったんですよね。

鹿島　いずれにしても、日本の女子プロレスが大きな影響を与えたってことですね。凄いなあ。

斎藤　では、そんな独自の進化を遂げた日本の女子プロレスはどのようにして生まれたかというと、そのルーツのひとつは18世紀に始まった「女相撲」だと言われています。女相撲については、井田真木子さんのノンフィクション『プロレス美少女伝説』の中でもけっこう詳しく書いてるし、『菊とギロチン』っていう映画もありましたよね。観ました？

鹿島　はい、観ました。あれは女相撲の話ですよね、おもしろかったです。

斎藤　あの話は事実に基づいているんです。女相撲が「18世紀から始まった」とされているのは、文献に限界があるからそのへんからだろうと言われていて、実際はそれ以前からあったかもしれない。男の相撲の歴史ほど文献が残されていないわけです。だから見世物的な興行の一座であったことはたしかなんです。

――一種の大衆文化だったわけですね。

斎藤　それで何度も潰れて、何度もよみがえって、最終的には1960年代くらいまで細々と存続していたらしいんです。19世

紀から20世紀を乗り越えてドサ回りしながら生きながらえて、昭和30年代くらいまではあったと。江戸時代からの興行一族末裔がいたり、その家族でやってたりとか。形態が女子プロレスの松永ブラザーズにとても近いんです。

鹿島　『菊とギロチン』でもありましたけど、地方で「この期間だけちょっとやるよ」と触れて回るという興行形態で。

斎藤　それで成り手もそれほどいないから、結局は親戚や嫁さんを土俵に上げてやっていたという。黎明期の女子プロレスに凄く似ているんです。だから日本における女子プロレスのルーツが女相撲だとすると、ずっと300年という歴史があり、男子と混ざらない女子だけの格闘技であり、しかもなんとなく怪しいジャンル。スポーツとも言えるし、お芝居ともいえるし、見世物かと言われたらたしかに見世物だし。じゃあ、それってプロレスそのものじゃんっていう感じはしますよね。

鹿島　「プロレス」という言葉がないだけで、形態的にはプロレスですよね。

斎藤　また、その女相撲を文化的に受け入れる土壌が日本にはあったんでしょう。

鹿島　畑仕事や田んぼの作業が終わった地域に行って、地域の有力者がメシを食わせてくれるんですよね。

斎藤　それでまた別の町に行ってやるという。だから直接のリンクはなかったとしても、文化人類学的には間違いなく女相撲は女子プロレスのルーツのひとつなんです。

「女子プロレスというジャンルが日本で本格的に認知され始めたのは70年代半ばから。でもルーツとしては1955年には日本中に6~7団体あったんです」（斎藤）

――戦後のプロレスやプロ柔道が、ルーツをたどれば相撲の興行に行き着くようなもんですね。

斎藤　そうだと思います。そして「女子プロレス」と正式に呼ばれたものは、戦後、1954年（昭和29年）11月にミルドレッド・バーク一行が来日して、GHQに接収された旧両国国技館、両国メモリアルホールでの興行をはじめ全国巡業が行われている。1954年といえば、力道山の日本プロレスが設立された翌年で、有名な力道山vs木村政彦があった年です。

鹿島　もう、その時点で日本に女子プロレスがあったんですね。

斎藤　そのバーク興行で猪狩定子、法城寺宏衣ら日本人選手が前座で試合をしていますから、バーク一行によって、男のプロレスと交わることなく、女子プロレスの種は日本に植えられたってことですね。

――それ以前に、いわゆる「ガーターベルト争奪戦」っていうのがあったんですよね？

斎藤　そうですね。ボードビリアンのパン猪狩とショパン猪狩による〝小屋〟ですね。それは1948年（昭和23年）だから終戦後3年くらいです。それもまた、女子プロレスのルーツのひとつと言われている。だから日本には「女子プロレス」以前から、「女性が行うスポーツなのか芸能なのかわからないけど、なんだかおもしろそうな興行」っていう発想は、常にあったんだと思います。「女が闘うところが見たい」という男性視点の欲求もあったかもしれない。

――エロティックを売りにはしていないけど、観客はそれをちょっと期待したりとか（笑）。

斎藤　お客さんが男性だから、おそらく必然的にそうなりますよね。

鹿島　ちょっと前まで地上波のテレビでもやっていた『女だらけの水泳大会』とか、あのノリの延長なんでしょうね。

斎藤　しかも、黎明期の女子プロレスやそれに近い興行は、テレビの電波には乗らなかったからもっと怪しさがある。ちょっと見世物小屋に近いものもあったと思う。生前の力道山は女子プロレスを毛嫌いしていたところがあって、日本プロレスの興行の中で女子の試合をやるという発想は一切なかったし、活字メディアが女子プロレスを報道することはなかった。資料や文献があまり残っていない原因のひとつです。

鹿島　それは「見世物ではなく、スポーツの世界選手権なんだ」という力道山のこだわりがあったんですかね？

斎藤　もちろんそれはあったかもしれないけれど、昭和30年代のマスコミが男社会だったこともあったと思います。ボクにとってはプロレスマスコミの大先輩である長老・鈴木庄一さんも、女子プロレスに対しては「あんなものは」っていう感覚でしたから。それもあって、雑誌の『月刊プロレス』でも女子プロレスはずっと取り上げられなかった。

――じつはプロレス雑誌に本格的に女子プロレスが載るようになるのって、クラッシュギャルズ以降なんですよね。

斎藤　女子プロレスというジャンル自体、本格的に認知され始めたのは70年代半ばのマッハ文朱からなんですね。でもルーツとしては、女子プロレスは１９５４年に輸入されて、翌１９５５年には日本中に6～7団体あったんです。

鹿島　一気に増えて、すでに50年代に多団体時代だったんですか（笑）。

斎藤　のちの全女とは別の全日本女子プロレスや、これもいまの東京女子とは違う東京女子プロレス。あとは東京ユニバーサルや国際女子プロレスという団体なんかもあって。

鹿島　凄いですね。ユニバーサルと国際って。前田日明やラッシャー木村より早くその名前を女子が使ってる（笑）。

斎藤　あとは広島女子プロレスとか。

鹿島　みちのくプロレスよりずっと早くローカル団体まで（笑）。

斎藤　それで離合集散があるんですけど、この時代からすでに松永兄弟は女子プロレスに関わっているんです。

鹿島　年季が入ってますね～。

斎藤　なぜ、これだけ多くの女子プロレス団体があったのか。ここからはボクの推測も入るんですけど、力道山の日本プロレスの興行を買っていたグループとは違う、女子プロレスの興行をしのぎとして買う組織があったんだと思うんです。

鹿島　なるほど！　男はやらないけど、女はやるよっていうプロモーターというか、興行師が。

斎藤　主流派の力道山の興行を売ってもらえない組織が、女子プロレスをしのぎとしてやっていたとか、歌謡ショーと女子プロレスを一緒にやるよっていう。だから団体がいっぱいあったらしいんです。

鹿島　で、どこかが当てたら、「これはカ

ネになる」ってことでまた違う団体ができると。

斎藤　当時の女子プロレスに関する断片的なエピソードは、梶原一騎原作の『青春山脈 火乃家の兄弟』という『少年マガジン』に連載された漫画にも出てきます。それを読んでも、やっぱりしのぎだったと思うんですよ。

鹿島　興行界に詳しい梶原一騎の漫画からもわかると。

斎藤　そういった要因から、日本の女子プロレスは男子プロレスの一部ではなく、女子プロレスは女子プロレスとして独自に発展していって、選手数も凄く多かったんです。

鹿島　だから必然的にレベルも上がったわけですね。

斎藤　50年代から始まった女子プロレス黎明期の多団体時代は、最終的には小畑千代をエースとした日本女子プロレス協会と、そこから独立した松永兄弟の全日本女子プロレスリング協会、両方ともに「協会」を名乗っていて家元争いになったわけです。それで東京12チャンネル（現在のテレビ東京）が小畑千代のプロレスを放送して、1969年の段階ではすでに松永兄弟の全日本女子プロレスはフジテレビとドッキングしているわけです。そこから社会現象とさえ言われたマッハ文朱ですよね。

——小畑千代の試合って、じつは初期の東京12チャンネルでも高視聴率番組だったんですよね？

斎藤　そうですね。女子プロレスは蔵前国技館でやるくらいの人気だったんです。

鹿島　しかも『女子プロレスラー小畑千代 闘う女の戦後史』という本によると「この試合は視聴率24・4パーセントで東京12チャンネル始まって以来の高視聴率」と書いてあって（笑）。

斎藤　12チャンネルは民放でいちばんマイナーな局でしたから。

鹿島　「他局からは番外地と呼ばれた同局だったが、女子プロレスで始まって以来の高視聴率をあげた」と。でも小畑千代の女子プロレスは、1973年3月で番組が打ち切られてるんですよね。人気はあるけど世間からの偏見ゆえっていう。

「新日本の東京ドーム大会で、全女から出場した中西百重の動きがその日の全試合でいちばん沸いたということもあった」（鹿島）

――『女子プロレス』と『プレイガール』はどっちも人気があるけど「低俗番組」と言われていて、ひとつ残すなら『プレイガール』のほうかなっていう理由で（笑）。

鹿島　両方あるとあまりにもいかがわしい局だっていうことで（笑）。

斎藤　だから社会的な世間の偏見がやっぱりあったんですよ。当時は男子のプロレスも「子どもの教育上よろしくない」とされていましたけど、女子プロはそれに輪をかけていかがわしいと思われていた。そういう暗い宿命を引きずったジャンルであることもまたたしかなんです。

鹿島　世間から差別されていたプロレスの中でも、さらに差別されていたのが女子プロレスだったと。

斎藤　だけどマッハ文朱や、ジャッキー佐藤とマキ上田のビューティ・ペア、その頃の映像を観るともうすでに男子レスラーに引けを取らないプロレスをやっているんですよ。いわゆる全女スタイルになっているわけです。選手がたくさんいて練習量が凄かったっていうのもあるし、全女の最後の頃まで年間２５０以上の興行を日本全国を回ってやっていた。それによって日本の女子プロレスは、世界でも類を見ない進化を遂げた。現実に、何度かの大ブームまで巻き起こしているわけですから。

鹿島　ゴールデンタイムでレギュラー放送されたときもありましたよね。

斎藤　ビューティ・ペアの時代には金曜午後7時、クラッシュ・ギャルズのときは月曜夜7時という凄い時間帯にやっていた。だから、番組ソフトとしてもゴールデン放送に耐えうるコンテンツという判断があったんでしょうね。特にクラッシュギャルズのプロレスは、わりと健全なスポーツに見えましたからね。

鹿島　スポーティでしたよ。悪役レフェリーの阿部四郎といううさんくさい人もいたけど（笑）。

斎藤　クラッシュのときは、観客の大半が女子中高生になって、爆発的な人気を生んだんです。

――いかがわしい見世物小屋的なイメージから始まったのに、女子中高生の憧れの存在にまでなるんだから凄いですよね（笑）。

斎藤　だから黎明期の女子プロレス乱立時代を生きた松永兄弟には、プロモーターとしての実力もプロデューサーとしての先見の明もあったわけですよね。そして年に２５０～３００興行を電車には乗らずに大型バスで移動するっていうシステム。自分たちでリングを組む、パチンコ屋の駐車場でもやる、夏はオープン会場、そして会長が焼きそばを焼いて売るという。そういうシステムを全部作ったんだから大変なことだと思います。

――移動式夏祭りですもんね（笑）。

斎藤　それが１９９７年に不渡りを出して、全日本女子は一度倒産するんだけど、１９９８～２００５年の解散まで、約８年間は現金決済だけで興行を続けたわけだから、その生命力は凄かった。最後の頃はスター選手がほぼ全員辞めていき、豊田真奈美と堀田祐美子だけはなぜか残って。そのあと出てきた中西百重なんて、いい時期の女子プロレスにいたら間違いなくスーパースターになったと思う。

鹿島　そうですね。2002年でしたか、新日本の東京ドーム大会に全女の提供試合が1試合組まれたとき、中西百重の動きがその日の全試合でいちばん沸いたということもありましたからね。

斎藤　悲しいかな、観客の大半はあのとき初めて中西百重を観たわけでしょ。だから女子プロレスは、食わず嫌いなジャンルでもあったと思いますね。

——男のプロレスファンが90年代に入って女子プロレスを観始めたのは、ユニバーサルにゲスト出場した全女の選手たちの試合を見て、そのレベルの高さに驚いたのがきっかけですもんね。

斎藤　そうでした。ユニバーサルに貸し出されたアジャ・コングとバイソン木村、豊田真奈美の人気が出て。そこで女子プロのおもしろさを知ったファンが全女の会場に足を運ぶようになると、「いや、ブル中野のほうがすげえよ！」みたいになったりして。

——ある意味、〝まだ見ぬ強豪〟というか。女子プロレス自体が手つかずの宝の山だったわけですよね。

鹿島　全女はクラッシュギャルズの時代から、フジテレビの特番を観たウチのおじいちゃんが、「男よりもおもしれえじゃねえか」って普通に感心してましたよ（笑）。

斎藤　だって動きが凄いですからね。それでユニバーサルへのゲスト出場がきっかけで、全女が男のファンにも支持されるようになると、団体対抗戦が始まる前から川崎市体育館とか、横浜文化体育館とか、わりと大きい会場を普通に満員にしていたんです。ブル中野、北斗晶、アジャ・コング、豊田真奈美、堀田祐美子、みなみ鈴香、若手時代の下田美馬&三田英津子、まだ新人だった井上京子、井上貴子、吉田万里子らがみんないたんですからね。

鹿島　凄い時代ですよ。そりゃあ、世界一のレベルだったでしょう。それがのちに海外の選手たちにも影響を与えるわけですからね。

斎藤　山崎五紀と立野記代のJBエンジェルスが1987年にWWEに行ったとき、当初は宣伝もされていなかったので、グラマーガールズとの試合は〝トイレタイム〟だと思われていたんですよ。それを自分たちの試合のクオリティだけで観客の目を釘付けにしたというのは本当に凄いことだと思う。当時のアメリカ人にとって、女子プロレスといえばファビラス・ムーラだったわけじゃないですか。そこに突然、信じられないような華麗な技を見せたので、よけい衝撃が大きかったんでしょう。

鹿島　そこはMSG初登場のダイナマイト・キッド戦で、その動きだけで観客がスタンディングオベーションになった、初代タイガーマスクに通じる部分がありますよね。

斎藤　それであの時代の女子選手でありながら、サバイバーシリーズやロイヤルランブルの上のほうでカードが組まれていたわけですからね。だからアメリカで女子プロレスが変わったのは、JBエンジェルスの影響が凄く大きいし、メドゥーサとブル中野の影響も凄く大きい。JBやメドゥーサ、ブルの影響を受けたトリッシュ、リタという流れがあり、そのふたりのプロレスを観て育った世代の選手たちが、いまのウィメンズ・ディヴィジョンを形成しているわけです。

鹿島　素晴らしいですね。

斎藤　いま、WWEのパフォーマンスセンターも半数は女子ですからね。NXTも半分以上が女子選手だし。

「男子と女子のプロレス団体が別々にあること自体はいいと思う。だけど、まだ男子と女子が同列には見られていない現状がある」（斎藤）

——そしていま、かつての女子プロレス先進国だった日本の女子レスラーたちが目指す、最終目標がWWEになっているというのもおもしろいですね。

斎藤　いまWWEで活躍している女子選手は、アスカにしても紫雷イオにしても、日本の女子プロレス暗黒時代から、あそこまでいったロスト・ジェネレーション世代の選手たちなんです。アスカは団体対抗戦ブームがすべて終わったあとの後発団体、A to Zでデビューですからね。「そんな団体あったっけ？」っていう（笑）。

——ロッシー小川さんが、自宅マンションを差し押さえられていた頃ですね（笑）。

斎藤　アルシオンが潰れてからA to Zになって、ほとんど興行もやらずに終わってしまったという。

鹿島　プロ野球だと日本で大スターになってからメジャーに行くっていうのがあるじゃないですか。女子プロレスの場合、かならずしもそうじゃないわけですよね。

斎藤　一本釣りシステムなんでしょうね。アスカは暗黒時代にデビューして、それから「息吹」で練習をした。紫雷イオもインディーでデビューでしょ。あの時代を生き抜いてスターになったのは個々の才能ですよね。だから今後もWWEを目指す選手は出てくると思いますけど、向こうで通用するだけの相当な実力がないとあの中には入っていけない。

——アメリカでここまで大きくなると、そ

う簡単には行けるレベルじゃなくなってますよね。

斎藤　ボクもそう思う。アスカ、カイリ・セイン、紫雷イオの次にWWEを目指す若い選手というのは、なかなか見当たらない。Sareeeはコロナの影響で渡米できないという不運な状況にありますけど、彼女が向こうに行っても、すぐにメインロースターに上がれるかというと、ボクはなかなか難しいと思います。紫雷イオだってNXTで2年かかって、3年目でやっとメインロースターに入れるか入れないかっていう状態ですから。

鹿島　もの凄くハードルが上がっているわけですよね。

斎藤　あのロンダ・ラウジーがプロレスに転向する時代ですからね。そして去年は、ロンダ、シャーロット、ベッキーのトリプルスレットがレッスルマニアのメインイベントでしたから、いまアメリカで女子プロレスのステータスは凄く高いんです。80年代、90年代までは、独自の発展と進化を遂げていた日本の女子プロレスのほうがアメリカの女子プロレスより遥か先を行っていたのに、いまは完全に逆転されて、大きく差をつけられてしまった。これはアメリカの女子プロレスに、日本のビジネスモデルが追いつかなかったからだと思う。

鹿島　それは社会学的なものもありますよね。プロレスファンがどうではなく。

斎藤　最初にWWEにおける女子選手の地位向上はステファニーの力が大きいと言いましたけど、それが実現できた大きな力というのは、やはりアメリカ社会の自由と平等の価値観でしょう。そして現在進行形の観客の意識も変わった。WWEユニバースと呼ばれるファンの人たちも、女子部門と男子のプロレスを分け隔てなく観るようになりましたから。

鹿島　男子の試合も女子の試合も、同一線上にありますよね。でも日本の社会だと、テレビなんかでもいまだに「女子アナ」って言っちゃってるじゃないですか。もう「アナウンサー」でいいじゃんっていう世の中になってきているのに、いまだに「女子アナ」。WWEでいうところのかつての「ディーバ」的な存在を求める上層部のオジサンたちがいますよね。

斎藤　しかも、社会のありとあらゆる場所、政治・経済でも、大企業でもメディアでも決定権を持っているのがそういう昭和のオジサンたちです。日本はほかのスポーツでもまだそういう言い方が残ってるじゃないですか。ゴルフは「女子プロ」って言うし、テニスも「女子テニス」という言い方をする。

鹿島　「○○女子」っていう呼び名を、いまだに使ってるオジサンもいますからね。

斎藤　世界のスポーツ界では、錦織圭選手と大坂なおみ選手は同じグレードでしょ。ボクはあれが当たり前だと思うんですよ。

鹿島　だから「プ女子」なんかもそうですよね。女性ファンが増えることは歓迎すべきことですけど、「プ女子」という言葉があるうちは、観客の中で女性は少数派ということですから。それが言われなくなったら健全ですよね。

斎藤　ボクもそう思います。プロレスの世界でいえば、男子と女子のプロレス団体が別々にあること自体はいいと思うんですよ。だけど、まだ男子と女子が同列には見られていない現状がある。アメリカでは、WWEという世界最大の団体のメインイベントを、女子選手が普通に務めるようになっていますから、これはもう大きな違い。先ほども言いましたけど、去年はレッスルマニアのメインが女子の試合で、しかも主役はUFCの大スターだったロンダ・ラウジーかと思いきや、ベッキー・リンチという凄いカリスマ性を持った新しいスーパースターを生んだわけです。

鹿島 WWEというトップの団体の最高峰であるメインが女子選手なわけですもんね。

斎藤 ブロック・レスナー、ゴールドバーグ、ローマン・レインズより上の位置での試合ですからね。そして誰もレッスルマニアのメインが女子だったことに文句を唱える人はいなかった。そこも凄いと思う。

——日本に置き換えたらその凄さがわかりますよね。

斎藤 たとえば、ブシロードが新日本プロレスとスターダムの合同興行をプロデュースするとして、オカダ・カズチカ、内藤哲也、棚橋弘至らをおさえて、女子選手がメインイベントを務めるっていうシチュエーションは、ちょっと想像しにくい。

——昨年、岩谷麻優が新日本&ROHのマディソン・スクエア・ガーデン大会の第3試合に出場したことが、「快挙」みたいな感じで言われましたからね。

斎藤 今年の1・4東京ドームでは、スターダム提供試合が第0試合だったでしょ？ まだ、それくらいなんですよ。

鹿島 第0試合ということは、まだ本戦までいってないということですもんね。

斎藤 レッスルマニアという、ビジネス的なスケールで言えば1・4東京ドームの何十倍という大会で、すでに女子がメインを務めている。だいぶ先を行ってますよね。これを、日本の女子プロレスには「まだまだ伸び代がある」ととらえるか、「もうアメリカとは差がつきすぎた」と考えるのか。これからの日本のプロレスビジネスとプロレスファンにとって、そのあたりがいちばん大きな課題だと思います。

プチ鹿島
1970年5月23日生まれ、長野県千曲市出身。
お笑い芸人、コラムニスト。
大阪芸術大学卒業後、芸人活動を開始。時事ネタと見立てを得意とする芸風で、新聞、雑誌などを多数寄稿する。TBSラジオ『東京ポッド許可局』『荒川強啓 デイ・キャッチ！』出演、テレビ朝日系『サンデーステーション』にレギュラー出演中。著書に『うそ社説』『うそ社説2』(いずれもボイジャー)、『教養としてのプロレス』(双葉文庫)、『芸人式新聞の読み方』(幻冬舎)、『プロレスを見れば世の中がわかる』(宝島社)などがある。本誌でも人気コラム『俺の人生にも、一度くらい幸せなコラムがあってもいい。』を連載中。

斎藤文彦
1962年1月1日生まれ、東京都杉並区出身。
プロレスライター、コラムニスト、大学講師。
アメリカミネソタ州オーガズバーグ大学教養学部卒、早稲田大学大学院スポーツ科学学術院スポーツ科学研究科修士課程修了、筑波大学大学院人間総合科学研究科体育科学専攻博士後期課程満期。プロレスラーの海外武者修行に憧れ17歳で渡米して1981年より取材活動をスタート。『週刊プロレス』では創刊時から執筆。近著に『プロレス入門』『プロレス入門II』(いずれもビジネス社)、『フミ・サイトーのアメリカン・プロレス講座』(電波社)、『昭和プロレス正史 上下巻』(イースト・プレス)などがある。

KAMINOGE
BLOOMING GIRL

オロオロオロ〜！ ア・ボ・カド！
またしてもトロリンに
会ってきてしまいました!!

西村知美

［女優・タレント］

いちばん好きな食べ物は
レバ刺しだったんですけどねー。
以前は主人から
『誕生日プレゼントは何がいい？』
って聞かれて
『カットされていないレバーをブロックでほしい』
って言ったもんです

収録日：2020年9月14日　撮影：タイコウクニヨシ　聞き手：井上崇宏

「いまはローズマリーを買ってきて家で育てていますけど、ギリギリの線で生きてます」

——す、すみません。私はほんの1カ月ほど前に初めてお会いさせていただいた名もなき者なのですが、また西村さんとお話がしたくなって今月も来てしまいました……。

西村　あら。そんなそんな、謝らないでください。ありがたいですよー。私のほうこそ、**先日は普通に真面目な話ばっかりしちゃって申し訳ございませんでした。**

——いえいえ。

西村　じゃあ、お願いしまーす。今日は気合いを入れて、渡辺美奈代ちゃんに洋服をコーディネートしてもらったんですよ。どうですか？

——あら、素敵。今日のお召し物はちょっとお高そうですね。

西村　うふふ、ＺＡＲＡです。私は安く買い物をすることが趣味なので。それで美奈代ちゃんに『ヒルナンデス！』のコーデのコーナーみたいに「上はこれがいいんじゃない？　下はこれがいいんじゃない？」ってやってもらって。

——やっぱり美奈代さんとはかなり関係性が深い感じなんですね。

西村　そうなんです。特に去年からさらに密になって。あっ、いま「密」っていう言い方はまずいですね。**いまのはカットで（両手でハサミのポーズ）。**

——まったく大丈夫ですよ。

西村　もしくは違う言い回しで。もともと美奈代ちゃんとは堀越学園の同級生でクラスメイトだったので、本当に昔からずっと仲がいいんですよね。高校のときは家もご近所でしたし、細かく言えば、私は中学3年のときに山口から出て来て、それからずっとひとり暮らしをやっていたという状況だったんですけど、美奈代ちゃんは名古屋からお姉さんと一緒に出て来られてふたり暮らしをしていて、本当に目と鼻の先くらいのすぐ近所だったんです。だからテスト週間になると、美奈代ちゃんちに泊まり込んで勉強を教えてもらったりとかしてましたねー。

——同じアイドルで、そういう関係がいまもずっと続いてるっていうのは珍しいんじゃないですか？

西村　そうかもしれませんね。しかも、美奈代ちゃんのところは息子さんがふたりいるんですけど、次男くんがウチの子と同い年なんですね。それでいま、同じ高校の同じクラスで（笑）。

——えっ、そうなんですか!?

西村　そうなんですよー。もともと美奈代ちゃん家のお兄ちゃんが通っていた学校で、凄くよかったっていう話を聞いていて、高校を探してるときにちょうど推薦の条件が合っていたので、ウチもそこにして。だから同じ保護者に美奈代ちゃんがいるので凄く心強いんです。

――いいですねー。ところで西村さん、この1カ月で何か変わったことはございましたか？

西村　うーん、変わったこと。なんでしょうね？（笑）。**いまはローズマリーを買ってきて家で育てていますけど。**

――また植物を買ったんですか？（笑）。

西村　性懲りもなく買ってきたんですよー。ローズマリーは生命力が強いって聞いていたので、**なんとか主人の管理のもとでギリギリの線で生きてます（笑）。**

――ギリギリの線！（笑）。

西村　逆にこの1カ月で何か変わったことはありましたか？

――うーん。あっ、そういえばこないだもんじゃ焼きを食べに行ったんですけど、西村さんご夫妻もよく来られるってその店主に聞きましたよ。日暮里なんですけど。

西村　ああ、はいはいはい。あそこはウチの主人が若い頃から、それこそ欽ちゃんファミリーのみんなとかとも行っていたらしくて、とてもおいしいので私も何回か行かせていただいてまして。それで、よく行っていた東MAX（東貴博）さんが、あのお店と同じスタイルで浅草にお店を出されたんですよね。

――あっ、そうなんですか。

西村　ほとんど同じなんですよ（笑）。

――それはお店のご主人から許可を取ったんですか？

西村　もちろんご主人にはいろいろと相談をしたらしくて、「極力真似しちゃダメだよ」って言われたらしいんですけど、**私の目から見たらほぼ同じっていうか……。**

――まずいじゃないですか（笑）。

西村　「うーん。8割、9割は一緒かな？」っていう（笑）。でも**「多少、ニュアンスやテイストを変えているような気がしないでもないかな？」**っていうのはありますし、もし、ここに東さんがいらしたら「いや、全然違うよ！」っておっしゃるとは思いますけど、私としては「うーん……」っていうのがありますね。もちろん、どっちもとてもおいしいので、私たちも両方のお店に食べに行くんですけどね。

『直接的に『吐く』とか『戻す』だとイメージがよくないじゃないですか。やっぱり綺麗な言い方で言いたいんですよ』

――もんじゃなんて、ボクは東京に来てから初めて食べましたけど、西村さんも田舎にいた頃はなかったですよね？

西村　なかったですねー。ちょっと話が飛んじゃうんですけど、もともと私は『スネークマン・ショー』が凄く好きで、

東芝EMIさんからケラさん（ケラリーノ・サンドロヴィッチ）も『スネークマン・ショー』みたいなのを作って（『P-FREAKS HOUR ヤマアラシとその他の変種』）、それに私も出させていただいてるんですね。たしかその中に入っていたと思うんですけど、凄く印象があるのが、そこの家庭のお嬢さんが彼氏を連れてきて「じゃあ、今日は晩ご飯を食べていきなさい」「今日はもんじゃだよー」とか言って、みんなで「おいしいねー」って食べてるんですけど、そのうち**「オロオロオロ〜」**って音が聴こえてくるんですよ。

――オロオロオロ〜？

西村　それでまたしばらくしたら、「ジャーッ」っていうもんじゃを焼いている音がして、「うん、おいしいねー」って言ってると、そこでまた違うところから「オロオロオロ〜」って音が聴こえてっていうちょっとブラックなネタで。

――要するに鉄板でゲロを焼いて食べてるっていう……（笑）。

西村　リバースしては食べて、リバースしては食べて、ってそれをずっとやってるんですよ。も〜う、ダメですね！（笑）。あれが私の中で凄くインパクトがありすぎて、もんじゃはおいしくて大好きな食べ物なんですけど、食べてるといつもあの「オロオロオロ〜」の音が頭の中をずーっとエンドレスで駆け巡ってて（笑）。

――かならずよぎるっていう（笑）。

西村　よぎるんですよ。あともうひとつ、私と主人の中では忘れられない出来事があって、アボカドっておいしいじゃないですか？

――はい、アボカドはおいしいですね。

西村　昔、私の名物マネージャーさんだった葉月さんっていう女性がいるんですけど、この方がお酒がけっこう強いんですね。それでみんなで集まっているときに「私、二日酔いで大変なんだよね。ちょっと頭痛いからトイレに行ってくるね……」って言って、そこでたぶん吐かれてたんだと思うんですけど、戻ってきたら案の定、「なんかね、**ア・ボ・カド**なんだよね……」って。わかります？

――はい？　よくわからないですね。

西村　**「アボカド」じゃなくて「ア・ボ・カド」って感じなんですけど。**

――はい？　西村さん、ちょっと活字で再現しづらいようなことを言わないでもらっていいですか？（笑）。えっ、「ア・ボ・カド」ってなんですか？

西村　たしかにこれ、ラジオじゃないと伝わらないかー（笑）。「ア・ボ・カド」っていう言い方のニュアンスが、リバースしたときの音と似てるっていうので盛り上がったんですよ。

――あー、吐くときに出る音が「ア・ボ・カド」（笑）。

西村　本来、アボカドって森のバターと言われるくらい栄養価が高くて、女性にも人気のある食材なのに、それ以来、私と主人と葉月さんの間では、もう違った食べ物になってるんですよ（笑）。

——いやあ、途中まで話が全然わからなかったです（笑）。

西村　ごめんなさい〜。ア・ボ・カド（笑）。

——西村さん、しつこいです（笑）。

西村　だからソフトに「リバース」っていう言い方をしたりしていますけど、なんか直接的に「吐く」とか「戻す」だとイメージがよくないじゃないですか？　やっぱり綺麗な言い方で言いたいんですよ。それで綺麗で、かつ唯一わかってもらえるのが「ア・ボ・カド」だったんですけど。それでいま、井上さんは私から1回この話を聞いちゃったから、次からはアボカドを見たときに「あっ……」っていうふうになりますよね（笑）。

——なんの嫌がらせですか（笑）。たしかにこれから死ぬまでずっと、もんじゃとアボカドを見るたびに今日の話を思い出しちゃうんでしょうね。

西村　本当にごめんなさいー。あんなにおいしいものなのに、一生忘れられないエピソードを伝えちゃってしまって。

——西村さん、そんなにお気になさらないでください。ちなみにいちばんの大好物ってなんですか？

西村　そうですねー。デビューのときはプロフィールに「ソフトクリーム」とかいろいろ書いてたんですけど、それって事務所が作ってくださるプロフィールで。「キミはそうだよ」って言われて「あっ、こういうプロフィールなんですね。私はアイスクリームが大好きと……」って覚えなきゃいけないっていう状態で。

——古き良き慣わしですかね。アイドルのイメージを保つためにというか。

西村　昭和のアイドルってそういう感じだったんですよね。それでソフトクリームと、あとはイチゴだったかな？　たしか何かフルーツだったと思うんですけど。それと「尊敬する人」っていうのはかならず事務所の先輩というのが鉄則で。

——西村さんの場合は、どなたになるんですか？

西村　河合奈保子さんです。もともと私は菊池桃子さんの大ファンだったんですけど、「尊敬する人」となれば奈保子さんになっていまして。

「焼肉もカルビとロースくらいしかポピュラーではなかった時代の中、私はコテッチャンが大好きだったんです」

——ちょっと不服に思っていたりしましたか？（笑）。

西村　いやいや、凄く尊敬してるということでは、奈保子さんで全然間違っていないので「**納得〜！**」って感じだったんですけど、私がひとつどうしても納得できなかったのは「身長」ですね。

——ちょっとサバを読んでたんですか？

西村　**あっ、年齢詐称はないですよ？**　そこは大丈夫です（にっこり）。**だけど「身長154センチ」って書いてあったことだけは……。**　それだけは納得ができずに当時のプロデューサーさんに交渉したんですけど、そのたびに「154センチでいいんだよ」って言われて。私、本当は153・5センチなんですよ。

——実寸は153・5センチ。べつに154センチでよくないですか？（笑）。

西村　ええ～っ？　要するに事務所としては、キリがいいからということで154センチにしたんだと思うんですけど、その0・5センチっていうのは私の中では凄くこだわりがあって、その**0・5センチも私の歴史の一部分じゃないですか。**　なのに「えっ、0・5はなかったことにされるんだ!?」っていう驚きと共に、**どうしても納得ができなくて、事務所に何度も交渉したことを憶えていますね。**

——何度も。それでも事務所が折れなかったっていうのが、ボクみたいな素人にはちょっとわからないのですが……（笑）。

西村　だから私は人から口頭で身長を聞かれたりしたときは、ちゃんと「153・5です」って言ってましたから。そういう部分にはこだわりましたよね。0・5。だから好きな食べ物がソフトクリームだったのは本当に大好きなので**「納得～！」**でしたし、尊敬する人が河合奈保子さんというのも**「納得～！」**だったんですけどね。でも正直、いちばん好きな食べ物は**「内臓系」**だったんですよ。

——ホルモンですか？

西村　当時はホルモンっていう言葉をよく知らなくて、いまでこそホルモン屋さんはいっぱいありますけど、焼肉もカルビとロースくらいしかポピュラーではなかった時代の中、私はコテッチャンが大好きだったんですね。いまでも好きなんですけど。

——小腸ですよね。

西村　**それは知らないです。**　そうしたら時代と共に世の中にホルモンがずいぶん出るようになって、コプチャンとかシロとかマルチョウとか、もういまだに全部大好きですね。きのうも主人と一緒にホルモンを食べてきましたから。

——本当の大好物はホルモンだったと。

西村　そうですね。特にレバ刺しがいちばん好きですかね。でも、いまってレバ刺しは提供できなくなっちゃいましたからね。以前だったら、主人から「誕生日プレゼントは何がいい？」って聞かれて「**カットされていないレバーをブロックでほしい**」って言ったもんですけど、トリミングとかもしなきゃいけないので、それはなかなか手に入らなくて叶わなかったんですよねー。

——誕生日プレゼントのリクエストが「レバーをブロックで」(笑)。

西村　あとは亀戸餃子とか亀戸ホルモンとか、亀戸にはおいしいものが揃っているので、仕事がある日でも午前中とかに気合いを入れて、朝10時半くらいに亀戸に行って並んだりとかしてるんですよ。

——そんなに亀戸が好きなんですか。

西村　好きですね、亀戸。でも、初めて主人とふたりで亀戸餃子を食べに行ったときは状況がよくわからなくて、お店の前にもの凄く人が並んでたんですね。もう角を曲がってもずっと並んでるくらいに。だから私たちも角を曲がっていちばんうしろに並んで待ってたんですけど、40分くらい経った頃に「あれ?」と思って。その角を左に曲がるのが亀戸餃子の列なんですけど、気がついたらもうひとつ右に曲がる列というのもあって、私たちはその違うお店の行列に並んでたんですよ。

——はあ。そのもうひとつの列はなんだったんですか?

西村　そっちは有名なホルモン屋さんだったんです。でも、その日はどうしても餃子が食べたかったので、それから並び直して、結局亀戸に着いてから餃子を食べ終わるまで2時間くらいかかってしまって(笑)。あのときは大変でしたねー。

——大変だったでしょうね。

西村　本当は私、**「並ぶ」っていうことにとても興味がありまして。**

——並ぶということに興味があると言いますと?

西村　だから並ぶのが好きなんですよ(笑)。まあ、主人は並ぶのが嫌いな人なんですけど、私は大好き。だからその亀戸のときも「あっちもあんなに並ぶってことは、あのホルモン屋さんもおいしいんじゃないの?」って話になって、次の休みの日はそっちに行ったんですよ。そうしたら、やっぱりおいしかったですねー。亀戸は凄いですね!

『スパイダーマン』がリニューアルしたということで、USJでは4時間半並びましたね」

——西村さん、すみません。やっぱり、その「並ぶのが好き」っていうのが、ちょっとよくわからないんですけど。

西村　私はいまだにそうなんですけど、並ぶということは全然苦じゃないです。

——「苦じゃない」というのはわかるんですけど、「苦じゃない=好き」ということではないですよね?

西村　(聞かずに)ディズニーランドとかでもよく3時間待ちとか言われてますけど、私が過去最高で並んだのは4時間半

だったかしら？

――4時間半も。それはなんの列だったんですか？

西村　もう何年も前の話なんですけど、ＵＳＪ（ユニバーサル・スタジオ・ジャパン）です。当時、ＣＭで「ユニバーサル・スタジオの『スパイダーマン』がリニューアルした！」っていうのを大々的にやってたんですよ。それでまったく予備知識はなかったんですけど、ＣＭをやっているくらいなので凄く変わったんだろうなと思って、娘と楽しみにしてふたりで夏休みに行ったんですよ。それでゲームや携帯とかを持ってがんばって並んでいたら、もうどれも充電がなくなっちゃって（笑）。それで「あー、まだまだ遠いなあ」って言いながらもひたすら並んで4時間半。ついに順番が回ってきて『スパイダーマン』に乗ることができたんですけど……**私には何が変わったのか、まったくわからなかったんです**（笑）。

――えっ！（笑）。

西村　ＵＳＪには毎年行っていたので、『スパイダーマン』には何度も乗ってるんですよ。それこそ本場のロスでも乗ってるのでよく知っているはずなのに、どこがどう変わったのかが全然わからなくて……。**「えっ、何がリニューアルだったの？」と思って、係の人に「あのう、ちなみに何が変わったんですか……？」って聞いたんですよ。**

――聞いたんですね（笑）。

西村　そうしたら**「メガネがカッコよくなったでしょ?」**って言われたんですよ。

――えっ、メガネ?（笑）。

西村　私も「えっ?」と思って。「そういえば、ちょっとメガネが分厚くなっていたかな?」くらいのアレで、あとで調べたら「メガネがよくなって3D映像がさらに綺麗に見えるようになりましたよ」っていうのが売りだったらしいんですけど、まったく気がつかなかったですね（笑）。

――「そこかい!」ってなりますよね（笑）。

西村　「ここだったんだー」みたいな（笑）。やっぱり違う期待が大きすぎて、私はセットが変わったとか、出てくるものやストーリーとかがすべてリニューアルしたもんだと思い込んでいたので。

――4時間半もお疲れさまでした、本当に。

西村　いえいえー。あと並んだということで思い出すのは、妊婦だったときの話なんですけど、『麺屋武蔵』というラーメン屋さんが、お出汁を魚でとってるっていうので話題になって人気があったんですね。それで私はどうしてもそのラーメンが食べたくなってしまって、お腹が大きかったときに2時間並びましたね。

――妊婦が2時間!

西村　まわりの人からも心配していただいて「大丈夫ですか?」って声をかけられるくらいに。**「いや、ラーメンを食べに来たので」**って。

――「おかまいなく」と（笑）。

西村　「もう、お腹の子どもの分までいただきますから～」って言ってがんばって2時間ずっと並んで、「あー、これで食べられるー」と思ったら。人ってお腹が空きすぎると、そんなに食べられなくなるんですよね。

――空腹のピークを超えちゃうとたしかにそうですよね。

西村　あれだけ期待して楽しみにしていて、実際に食べたらめちゃくちゃおいしかったにも関わらず、私はラーメンをちょっと残しちゃったんですよ。それで「ごめんなさい。いつもだったらちゃんと全部いただくのに、お腹が空きすぎちゃったあまりに逆に食べられなくなっちゃって……。ちょっとだけ残して本当にすみません」って、こっそりと店員さんのひとりに言ったら、店員さんは5～6人いたと思うんですけど、全員が立ち上がってこっちを向いて「申し訳ありませんでしたー!」って**凄い謝罪を。**

――凄い謝罪（笑）。

西村　**もう「いらっしゃいませー!」と同じくらいのテンションで謝罪をされてしまって（笑）。**それが凄く印象的で「ここのお店にこれだけの人が並ぶのには理由があるんだな」と思って。味がおいしいだけじゃなくて、そういう店員さんたちの教育というか「ああ、おもてなしの心って本当にあるんだなー」って感動しながら帰ったんですよ。だからあの2時間に悔いはないです。

「カニはいまだに生きてるとダメですけど、もいで本体と足が別々になっていたら平気です」

――悔いはない（笑）。ちなみに妊娠何カ月のときだったんですか？

西村　7〜8カ月くらいでもう安定期に入っていましたね。つわりのひどかった時期はあれだけ好きだったラーメンがいっさいダメになっちゃってたんですよ。

――妊娠中は味覚が変わるって言いますもんね。

西村　たとえばスーパーだとお魚のエリアとかの匂いがいっさいダメで。それでいきなりラーメンの匂いもダメになっていっさい食べられなくなってしまって、主人も「もらいつわり」でその時期ラーメンが食べられなくなっちゃったんですよ。そんなときにかぎってラーメンの特番が3つくらい続いたんですね。

――えっ、まずいじゃないですか。

西村　ラーメン屋さんを転々とはしごして食べるっていうロケがふたつくらいあったのと、もうひとつは『SMAP×SMAP』の特番だったんですけど、全国の凄いおいしいと言われているラーメンの屋台をスタジオに全部出して、それをSMAPのメンバーと巡るっていう夢のような、普段ならめちゃくちゃうれしい企画だったのに、**私にとっては地獄絵図のような企画になってしまって……。**

――それは大変でしたね。

西村　**「ラーメンがダメだっていうときになんで！」**という思いがあって、そのときはまだ妊娠したことを発表する前だったんですね。だけどさすがに申し訳ないと思って、あのときは中居（正広）くんが仕切っていたので、こっそり中居くんに「ごめんなさい。まだ発表していないんだけど、いま妊娠していて、つわりがひどくてラーメンがダメなの。気持ち的には盛り上がりたいんですけど、たくさんは食べられないかもしれないです。ごめんなさいね」って言いましたね。いまだったらもうガンガン、**「屋台を2周回ります！」**って言うんですけど（笑）。

――出産までの期間っていうのはキツかったですか？

西村　私は意外と大丈夫なほうでしたね。願って願ってやっとできた子どもだったので、まわりも気をつかってくれましたし、**私は「この子を大切に」って思いながらも、床下収納にドーン！っと落ちちゃったりとかして。**

――えっ!?

西村　キッチンで掃除をしていたら、フタの開いていることに気づかずに床下収納に落ちてしまいまして。深さ50センチくらいですかね。「えっ⁉」って思ったけど、そのときはなんとか娘がお腹でこらえてくれたので「無事で本当によかった……」って思いましたね。

――めちゃくちゃ危なかったですね……。

西村　あとは出産のお休みに入る直前にいろいろと番組に出させていただいていて、ずっと呼んでいただいていたモノマネの特番の収録があったんですけど、そのときに**スタジオでお客さんや出演者の方に挨拶している途中に階段から落っこちてしまって。**

――えっ⁉

西村　本番前に。それでお客さんも**「キャー！」**って悲鳴をあげて。あれは凄かったですね。私のお腹が大きいのでみなさんも知ってましたから「えーっ⁉」ってなって、私自身もビックリしましたけど、そのときも娘がこらえてくれて大丈夫でした。

――こらえてくれたんですね。

西村　だから本当に丈夫な子どもに育ちましたね。ありがたいですね。

――逆に嫌いなものって何かあるんですか？

西村　食べ物はなんでも食べられるんですけど、ただ、これだけはどうしても食べられないっていうのは虫ですね。イナゴだったりとか。

――ああ、虫。

西村　ハチノコとかああいうのは無理ですね。虫でもミキサーとかで細かくなっていたら、気がつかないでふりかけにして食べられるかもしれませんけど、形があったらもうダメです。私、自分が触れるものだったら基本的に食べられるので、ヘビとかは大丈夫ですけど。

――ヘビは触れるんですね。

西村　触れますね。あっ、でもカエルは触れないけど食べられますね。また、ちょっと言ってることが違ってきましたけど（笑）。よくよく考えたら、触れないけど食べられるものってたくさんありますね。私、魚とかエビとかカニとかには触れないんですけど食べられるので。

――まあ、触れないっていう方は多いですよね。

西村　あっ、料理をやるようになったのでエビは克服して触れますね。また、さらに言ってることが違ってきましたけど（笑）。

――まったく気にしないでください（にっこり）。

西村　カニはいまだに生きてるとダメですけど、もいで本体と足が別々になっていたら平気です。

――パーツごとだと平気なんですね。

西村　でも、やっぱり魚も触れてシシャモが限界。メザシくらいになるとちょっとアウト。アジとかも捌くんですけど、小アジまでですね。

『突進してくる魚を見て『こんなに薄かったの、あなたたち!?』ってなって。もうあれはいまだにトラウマですね』

——サイズなんですね。

西村　なんででしょうね？　魚だけはどうしてもダメで、自分でもいまだに不思議なんですけど、魚を直視することもできないんですよ。基本的に魚を丸ごと料理することっていうのはなくて、切り身を買ってきたりしつつやるんですけど、それでもサンマを焼いたりすることになって、頭をカットしなきゃいけないときは、ちょっと微妙に視点をぼやかしたり、違うところを見たりとかしながらやってますね。

——魚にピントを合わせないってことですね。

西村　でも、こんなに魚が嫌いなのに水族館は好きなんですよ。それが不思議なんですよねー（笑）。

——まあまあ、別物な気はしますけどね。

西村　あんなに魚を凝視できないのに水族館ではずっと見ていられるんですよ。自分でも「なんで水族館では魚を見られるんだろう?」と。でも、テレビとかの映像で出てくる魚とかは見れないんですよ。

——ええっ？

西村　まあ、テレビはいきなりアップになったりとかするので、なおさらダメなんですけど。

——えっ、なんで水族館だけ大丈夫なんですかね（笑）。

西村　私も「これだけ何が違うのかな?」と思ったら、水族館って意外と魚が近くないんですよね。水族館の水槽のガラスって20センチくらいの厚さがあるんですね。間に厚い壁があるから、**なんだか魚が遠い存在のような気がして。**「**だからか〜!**」と思って。

——遠い存在（笑）。

西村　でも、いまってテレビはどんどん薄くなっているじゃないですか。

——そういう問題ですか！

西村　こ〜んなに薄いからきっとダメなんですよ。っていうか「すぐそこに！」じゃないですか。だから無理なんだと思います。だからスタジオでVTRを観てコメントするっていうお仕事も多いんですけど、やっぱりそこで魚が出てくると、「あぁ……」って絶望的な気分になるんです。

——やっぱり直視できない。

西村　できないんですねえ。だから3Dとかになっちゃったら大変ですよね、**それこそスパイダーマンみたいに！（笑）。**

——西村さん、カッコいいメガネさえ着けなければ大丈夫ですよ（にっこり）。

西村　だから昔、プライベートでハワイに行ったときも、いまはちょっと海が汚れるからという理由でシャットアウトしてるみたいなんですけど、そこのよさっていうのが、パンとかを持って海に入ると魚が寄ってきて楽しいっていうことで。それで友達で同期の島田奈美ちゃん、いまは島田奈央子ちゃんとして活動していらっしゃるんですけど、奈美ちゃんと一緒にゴーグルを着けて、パンを持って海に入ったことがあるんですね。

――自ら魚に接近していったんですか。

西村　でも、私って基本的に水恐怖症でもあるんですよ。水なおかつ魚。しかもゴーグルのガラスは厚さがほとんどない。そこにこっちがエサを持ってるから魚がウヨウヨと突進して来る。こんな恐怖はないですよね。だからあのとき私は本当に、くわえていたシュノーケルのゴムを食いちぎっちゃうんじゃないかってくらいパニックになっちゃって。

――そこまで！

西村　もう突進してくる魚を正面で見たときの恐怖。**正面だと魚ってもの凄く平べったいんですよ。**

――まあ、正面はちょっと怖いかもですねー。

西村　平べったいというか薄っぺらいというか。「**こんなに薄かったの、あなたたち!?**」ってなって。もうあれは怖いですよー。いまだにトラウマですね。

――あのー、西村さん。やらなきゃいいんじゃないですか？

西村　**えっ？（キョトン）。**

――そんなに無理なら、それやらなきゃいいじゃないですか（笑）。

西村　**でも、せっかくハワイに行って、そのビーチにまで行って、「やろうよ！」って言われて、きっとお金も払っていて、水着も着たし、しかも友達も一緒にいて？　やらない？（キョトン）。**

――ま、まあ、やりますかね……。

西村　そりゃあ、最初から抵抗があったので私も断ってはいましたよ？　でも、やっぱり**旅行に行ったときはお互い様**じゃないですか。

――お互い様！（笑）。

西村　「このときはこれに付き合ってね」「じゃあ、こっちもあれに付き合ってね」っていう、そこはお互い様だと思うので。

――そうでしたね。旅行はお互い様ですね。

西村　よかった、わかっていただけて。だってハワイまで来て海に行かないっていうのもねー。**ア・ポ・カド（笑）。**

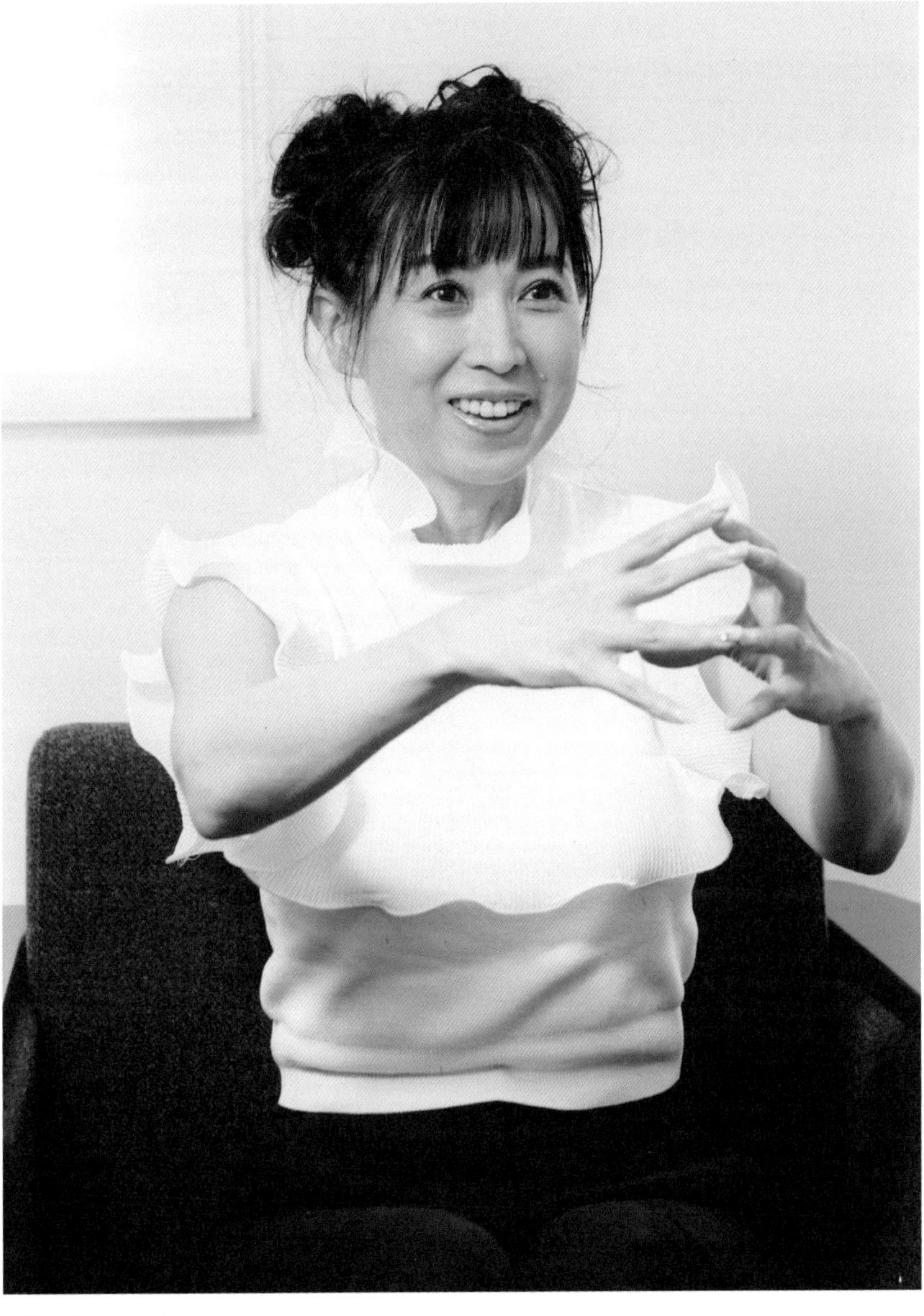

西村知美（にしむら・ともみ）
1970年12月17日生まれ、山口県宇部市出身。女優・タレント。
1984年11月、姉が写真を応募したことで雑誌『Momoco』のモモコクラブに掲載され、同雑誌が主催した『第1回ミス・モモコクラブ』でグランプリを受賞。これがきっかけとなり芸能界入りし、1986年3月に映画『ドン松五郎の生活』でデビュー。同時に主題歌『夢色のメッセージ』でアイドル歌手としてもデビューを果たす。その後は、ドラマやバラエティ番組、声優や絵本作家として活躍。1997年、元タレントでCHA-CHAのメンバーだった西尾拓美と結婚して、愛娘を授かる。現在も精力的に芸能活動中。

KAMINOGE
STUBBORN RED PANTS

令和にUを復活させる!?
プロレス新団体『GLEAT』って
いったいなんなんだ！

田村潔司

[GLEAT エグゼクティブディレクター]

現代の綺麗なプロレスも
あれはひとつの芸術だと思っている。
その対抗馬として格闘プロレスがあったら
両方楽しめるかなって気がするんだよ。
ザ・ＵＷＦが時代に
取り残されている時期でもあるので、
またイチから育てていくしかない

GLEAT

収録日：2020年9月1日　撮影：タイコウクニヨシ　聞き手：堀江ガンツ

2019年までプロレスリング・ノアのオーナーを務めていた広告代理店「リデットエンターテインメント」が、8月20日、プロレス新団体『GLEAT』（グレイト）の旗揚げを発表した。田村潔司がエグゼクティブディレクターを務め、チーフストラテジーオフィサーにNOSAWA論外、チーフテクニカルオフィサーとしてカズ・ハヤシが参加。さらに長州力がオブザーバーに就任ということで、その異色のメンツにプロレスファンは少なからず困惑している。また、新入団選手としてWRESTLE-1所属だった伊藤貴則と渡辺壮馬の2選手が発表され、10月15日に東京・後楽園ホールで旗揚げ戦の開催が決定。

いったい、『GLEAT』とはどのような団体なのだろうか？

「UWFっていうのは格闘プロレスであって、俺がイメージしてるのはUインターか、新生UWFのあのへんのスタイル」

――リデットエンターテインメントが設立し、田村さんがエグゼクティブディレクターを努める新団体『GLEAT』の第1弾興行が、10・15後楽園ホールで開催されることがついに正式発表されたわけですけど。

田村　詳しい内容については、YouTubeで流れたでしょ？

――はい。ボクもGLEAT公式YouTubeを観させていただいて、田村さんをはじめ、〝チーフ戦略オフィサー〟のNOSAWA論外選手、〝チーフテクニカルオフィサー〟のカズ・ハヤシ選手、そしてオブザーバーの長州力さんのコメントも聞いたんですけど。ただ、これを観てもファンはみんな「えっ、これはどういう団体？　何をやるの？」っていう、頭に「？？？」が並んでるような気がするんですよね。

田村　うんうん、そうだろうね。

――では素朴な疑問から聞いていきたいんですけど、まず田村さん自身はGLEATの試合には出ないんですか？

田村　俺のGLEATでの肩書きはエグゼクティブディレクター、まあプロデューサーみたいなイメージだね。それで出場選手の肩書きはないです。

――選手ではなくプロデューサーだと。出る可能性もないわけですか？

田村　うーん。可能性は……どうなんだろなあ。プロデューサーの田村潔司が、田村潔司選手にオファーを出すときが来たら、そのときに考えるよ！

——じゃあ、プロデューサー田村潔司の中では現時点の構想に自分は選手として入っていないわけですね？

田村　入ってないです。

——では、あらためてプロデューサーとしてどんなことをやろうとしているのかっていう質問になるんですが。

田村　俺は単純にUWFの試合をプロデュースして、その試合を観てもらいたい。実際にGLEATという団体を制作する側の裏方には、俺のほかに長州さん、カズ・ハヤシ選手、NOSAWA論外選手っていう方がいて、それぞれやりたいことがあると思うんだよね。そして長州さんはGLEATの最終的なチェックっていうか、客観的に見てもらうオブザーバーだね。

——直接マッチメイク的なことはしない、〝相談役〟みたいな立場ですかね。

田村　うん。最終的なチェックをしてもらう立場の人で、カズ選手とNOSAWA選手はどっちかと言えばプロレス畑のことをやってもらう。そして俺はGLEATという団体の中で何ができるかって言えば、やっぱりUWFで培ってきた経験なり、技術なりをGLEATに注入させると。それで何ができるかっていうと、UWFスタイルの選手を育てたり、作り上げていきたいっていう気持ちが凄く強い。

——U戦士の育成およびプロデュースをしていくと。

田村　あとは女子のUWFをやってみたいなと。

——それはいいですね！　いま、WWEのロウ女子王者にまでのぼりつめたアスカ選手も新人時代はバトラーツで練習して、UWFスタイルに近いような試合を経験したのが、WWEに行ってからも活きていますから。

田村　そういうのはどんどん出していってほしいな。ただ、GLEATっていう団体も含めて、俺自身がUWFの選手を作り上げるのにも時間がかかるし、UWF女子をやるにしても作り上げる時間はかかると思うので。そこはもう、ある程度長いスパンで考えていることだから。

——10・15後楽園で〝完成品〟を見せるというより、「ここからどう育っていくか、見てください」みたいな感じですかね？

田村　そう！　UWFスタイルの育成ははっきり言って出来あがっていない。そこからが面白いんだと思う。じゃあ、そのやろうとしているスタイルっていうのを簡単に言うと、UWFっていうのは格闘プロレスであって、俺がイメージしてるのはUインターか、新生UWFのあのへんのスタイル。よく「Uのスタイルってなんですか？」っていう質問があるけど、それは選手ひとりひとりでモチベーションの高さだったりが違うと思うんで、一概には言えない。ただ、自分自身で言うのはおこがましいけど、あえて言うとすれば、Uスタイルとして魅せることができる最高の試合っていうのは、たとえばヴォルク・ハンvs田村潔司っていう試合を出すとわかりやすいと思う。「これがUの究極の試合だよ」って。自分で言うのはおこがましいんですけどね。

「長州力と俺との組み合わせは異例と言えば異例であって、俺は〝1995年の長州力〟は大嫌いなわけですよ」

――ベクトルとしては、ハンvs田村をひとつの到達点というか、高い目標としてやっていこうと。

田村　ただ、そこまで作り上げていくためには、俺自身そこに至るまで10年近くかかってるわけだから時間はかかる。山登りであの試合が最高峰だとしたら、これから1合目、2合目を登っていかなきゃいけない段階。選手も同じく1合目、2合目って育てていかなきゃいけないから。だからハンvs田村みたいな試合が見せられるところまで育てていくには、まだまだ未熟なところがあると思うけど、とにかく少しずつでもUWFの試合、ザ・UWFを広めていきたい。それと同時に、既存の純プロレスの選手でUの格闘プロレスに出場してみたい、経験してみたい、チャレンジしてみたいっていう方がいれば手を挙げてもらって、そこから一緒に育っていこうと。「敷居を低くする」っていうのは出場してもらう選手に失礼な言い方かもしれないけど、目標を高く持ってもらって、いろんなタイプの選手にUの格闘プロレスっていうのはこういうものだって理解も含めて、成長していってもらえたらなと。実際に試合をやるのと見るのとでは違うと思うんでね。

――GLEATというのは、みんなUスタイルの試合なんですか？

田村　GLEATは純プロも入ると思います。もちろん純プロはプロレス畑のカズ選手とNOSAWA選手、長州さんがいるのでそちらはお願いして。で、俺はUWFで。

――じゃあ、そのお三方と田村さんが一緒になってひとつのものを作るというより、それぞれパートが違うって感じですか？

田村　まあ、そういうふうに捉えてもいいし、一緒は一緒なんですよ。でも俺の中では純プロの3人、あるいは出場するレスラーに対して、自分自身はUWFスタイルがいちばんだと思ってるから、俺はUWFの試合を作り上げていきたい。で、それとはべつに純プロの試合もあると思うから、そこは俺の中では分けた状態で、純プロチームvsUWFチームでどっちがおもしろい試合だったかっていうのは、お客さんの目をいろいろな判断材料としつつ、競争できたらなっていう感覚があるかな。

――田村プロデュースと、カズ・ハヤシ、NOSAWA論外プロデュースで競っていきたいと。

田村　あとは長州力と俺との組み合わせは異例と言えば異例

であって、俺は「1995年の長州力」は大嫌いなわけですよ。

——要は1995年10・9東京ドームでの新日本vsUインター全面戦争を仕掛けて、〝Uを消した〟長州力が嫌いなわけですね。

田村　だから1995年の長州力に対しての気持ちをぶつける感情で、GLEATでも選手を育てていけたらなって思うので。ある意味、これは形を変えた「10・9」でもあるんですよ。

——大会日時は10・15だけど、意味合い的には「10・9」だと（笑）。

田村　これは知ってる人しか伝わらないけど（笑）。自分の中ではGLEATで形を変えた10・9をやってみたいなって。お客さんにもそういう目で見てもらってもいいし、つまらない試合だったら「つまらない」と言ってもらっていいし。「純プロがいちばんだった」とか、そういう比べ方をしてもらってもいいと思うので。ただ、GLEAT自体も1大会ごとに修正をしながらやっていくと思うので、どこを目指すかっていうのはその都度軌道修正しながら、少し変わっていくかもしれない。ただ、俺自身はUで培ってきたことを育成していく選手に注入して、UWFをリング上で表現してもらうっていうのが役割かなっていう感じ。

——では、新たなU戦士を育てるということで、既存のUWFの選手が出るっていうわけでもない？

田村　いや、出る可能性はあるけど、俺がプロデューサーなんでそこは俺の好き嫌いで（笑）。

——では、金原弘光選手が出たりする可能性はないと（笑）。

田村　なんでピンポイントで個人名を出すの！（笑）。

——いや、たまたまパッと頭に思い浮かんだもので（笑）。

田村　出場選手に関しては順次発表していくと思うけど、純プロの選手も含めて、バラエティに富んだものになるんじゃないかな。

——ここまでお話を聞いていてちょっと気になったんですけど、田村さんがいま「純プロ」って言い方をされましたけど、いまはそういう言葉すらすでに死語なんですよ（笑）。

田村　アッハッハッハ！　なるほど（笑）。まあ、いまは何がプロレスかもわからないもんね。

——20年ぐらい前だったら、UWFスタイルや、小川直也選手がやっていたUFOとか、下手したらPRIDEみたいな総合格闘技もプロレスのカテゴリーに含まれていたから、それに対して新日本や全日本のプロレスを「純プロレス」って呼んだりしてましたけど。いま、『週刊プロレス』を読んでるような層は、昔なら「エンターテインメントプロレス」と呼ばれていたであろうプロレスのことを「プロレス」って呼んでいて、UWFスタイルをやったら「プロレスじゃない」って言われる可能性もある（笑）。

田村　なるほどね。だから俺らが言ってる「純プロ」がもうイコール「プロレス」になってるってことだね。ちょっとひと昔前は、格闘プロレスだったり、総合格闘技だったり、純プロって分かれてたけど。

――そうなんです。ひと昔前は、WWEを「エンターテインメントプロレス」といったり、ルチャリブレなんかを〝別物〟として分けてましたけど、いまはそれらこそが「プロレス」なんですよ。それでリデットエンターテインメントが去年まで運営していたプロレスリング・ノアや、長州さんの『POWER HALL』などを観に来ていたお客さんは、そういった昔で言う純プロレスのファンなんで。そこでUWFを浸透させるっていうのは、なかなか骨の折れる作業になるんじゃないかと思いますね。

田村　まあ、そこはUにこだわるのはこだわるんだけど、つまりはプロの興行だから、お客さんに何かを伝えなきゃいけないと。UWFというのは、格闘技の技術的な面だけじゃなくて、〝感情プロレス〟だと思うんですよ。プロレスでもいろんな感情を表現するものがあると思うし、UWFも感情を表現するプロレスでもあるし、それをどういう見せ方でお客さんに伝えるのかであって、技術うんぬんだったりテクニカル的な問題じゃなくて、お客さんにどう伝えるのかっていうのはたぶん共通してると思うんだよね。

「スタイルではなく、最終的には『何を伝えるのか?』っていうところになるのかも。何かを残せる選手をひとりでも多く育てたい」

――感情に訴えるという点で一緒だと。

田村　ただ、いまのプロレスはちょっと綺麗すぎると思うから。必死に闘うことで何かを残す、感情をお客さんに伝えるっていうプロレスができたらなっていう感じで。俺自身もまだ勉強不足なんだけど、UWFをずっとやってきた俺はそれを伝えるしかないし、お客さんにもついてきてもらうしかないから。ちょっとこれは言っていいのかどうかわからないけど、「つまらなかったら観に来るな」と。おもしろくなかったら観に来なきゃいい話で、おもしろかったら観に来てもらえばいい、ただそこだけでいいと思うから。

――観客に受け入れられるかどうかに関わらず、自分の見せたいものを見せるというわけですね。

田村　うん。わざわざつまらないのに観に来て野次るんだったら、もう二度と来るなって思うから。GLEATはGLEATのカラーが出ると思うし、俺は俺自身でGLEATの中でどうやって田村色に染めてやろうかっていう感じもあるし。それはちょっと時間がかかるかもしれないし、どこまで観に来て

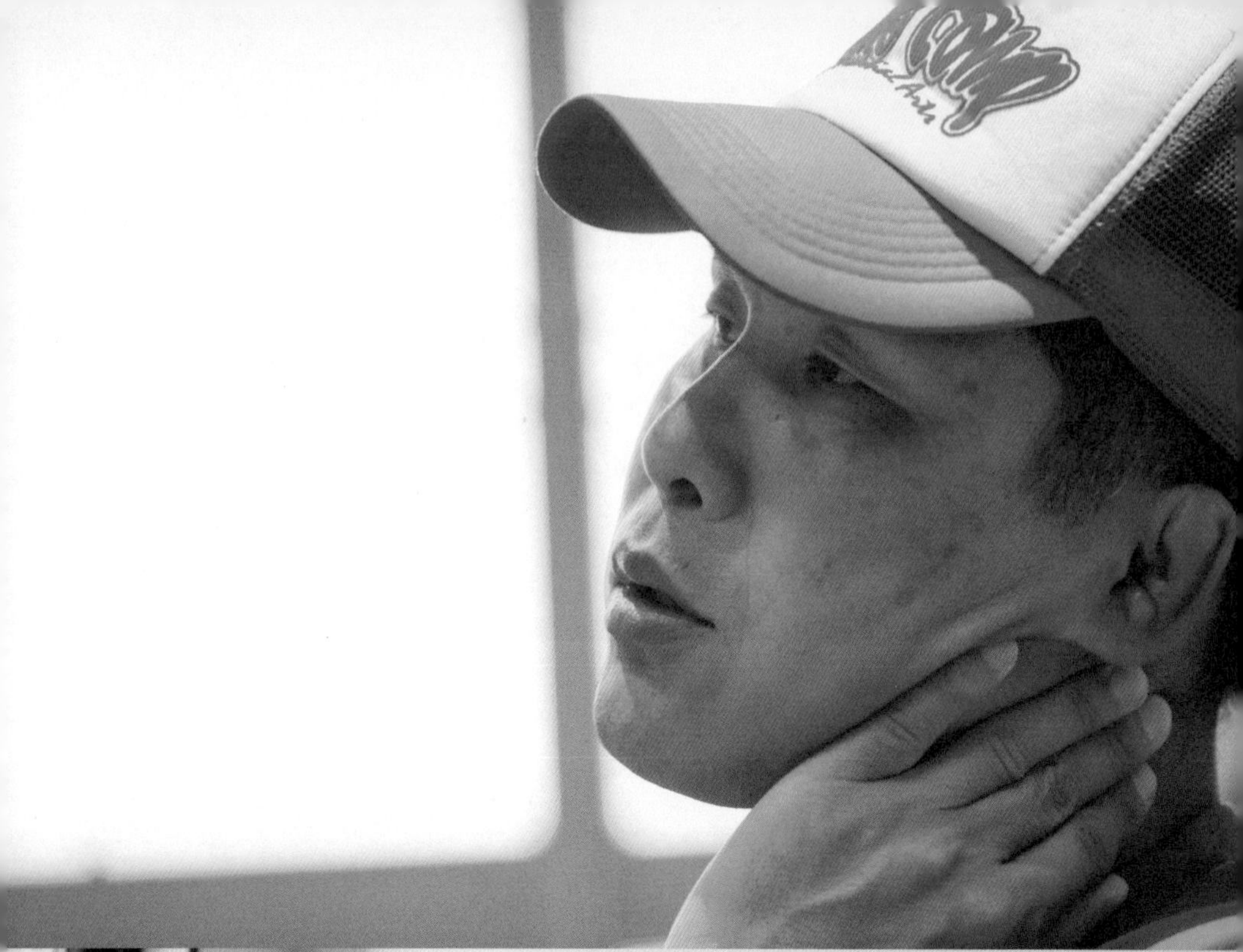

いただくお客さんに伝わるかどうかわからないけど、ここまで来たらやるしかないね。

——田村さんの中で、いまのプロレス界がいわゆる純プロレスだけを「プロレス」と呼ぶような世界になったこと、もっと言えば、格闘技的な強さを必要としない世界になったことを修正したい、というような思いはありますか？

田村　いや、そっちの軌道修正はないですね。プロレスはプロレスで、いまの綺麗なプロレスというか、それはそれでひとつの芸術だと思ってるんで。だからその対抗馬として格闘プロレスがあったら両方楽しめるかなって思うので。ただ、ちょっといまの格闘プロレスっていうもの、ザ・UWFが時代に取り残されている時期でもあるので、またイチから育てていくしかないと思ってますね。

——かつてはUWF、格闘プロレスを目指すようなマインドを持っていた人が、いまはそのまま総合格闘技に行ってしまう現状もあるじゃないですか。そのへんはどう考えてますか？

田村　でも逆もあるよね。総合格闘家で格闘プロレスをやりたいっていう人もいるだろうし。まあ、それはでもやるしかないから。いま実際にGLEATっていうのを発信して、走り出した以上はそれに対してどう対応していかなきゃいけないかだから。仮に旗揚げ戦が「UWFってなんなんだ！」って言われても、そんなのは全然オッケーですよ。そう言ってるヤツが多ければ多いほど……いや、多くないほうがいいんだけど(笑)。そんなのは気にしないでもう育てていくしかないんで。開き直るじゃないけど、自分が思うことをやるしかない。

——GLEAT旗揚げ戦が終わったあと、「何がやりたいんだ」みたいなことをSNSに書き込まれたりするのは容易に想像がつきますけど。そんなの関係なく、やりたいことをやる。その意気はいいと思います！　猪木さんも「見たくないヤツは見にくるな」「客に媚を売るな」ってよく言ってますしね。

田村　いま変なヤツがいるじゃん。ネット上なんか揶揄するヤツばっかりいるから、そんなのはほかでやってくれと。だからGLEATっていう船に乗る人は乗ってもらって、乗らない人はどっかほかでやってもらったほうがいい。選手をしっかり育てて、GLEATという船を大きくしていこうとは思ってますけどね。

——プロレス界を変えるのではなく、現在のプロレス界でまたUWFスタイルのプロレスをイチから作っていこうということですね。

田村　プロレスっていう商店街に格闘プロレスという小さな商店が生まれて、商いをしていこうっていう感じかな。その商店を少しずつ大きくしていきたいとは思うけど。

——いまはUWFだけじゃなく、猪木イズムと呼ばれるプロレスすらもなくなりつつあるじゃないですか。

田村　そうそう。俺らが熱くなった昭和の新日本プロレスね。

——プロレスがエンターテインメント的なものだけになるのも、不健康な状況かなって思うんですよ。いま、プロレス団体ってもの凄くたくさんありますけど、結局、色合いにそこまで差がない気がして。

田村　だから善玉コレステロールと悪玉コレストロールが均一にある状態がいいというかね。善玉コレステロールだけでもダメだし。ただ、いま昭和のプロレス、猪木さんのプロレスっていうものがもうなくなりつつあるから。やっぱり長州さんが昭和にやられていた、藤波（辰爾）さんとの名勝負数え唄だったり、全日本プロレスvsジャパンプロレスでのジャンボ鶴田さんや天龍（源一郎）さんとの試合映像とか観ると、いまでもやっぱりガッと熱いものがあるじゃん。

——思わず手に汗握っちゃうんですよね（笑）。

田村　そうでしょ？　だからスタイルは純プロレスでも格闘プロレスでもいいんだけど、本当に手に汗握って見られるようなプロレスを作っていきたい。その中で俺は、格闘プロレスでお客さんに活力だったり、感じるものを与えていかなきゃいけないと思っているから。そういうプロレスができる選手を少しずつ育てられたらなって思っているので。その中で長州さんたちが作り上げるものと、俺が作り上げるものと。基本的に4人は同じ方向に向いてるんだけど、その同じ方向に向いてる中でもふたつの違う道があってもおもしろいかなって。

——猪木さん、長州さん、藤波さんがやられていたプロレスって、カテゴリーに分けるなら「純プロレス」ということになると思うんですけど、いま行われている「プロレス」と格闘プロレスとどっちに近いかといえば、格闘プロレスに近い気がするんですよね。「プロレスは闘いだ」ということを念頭に置いているという意味で。

田村　だからGLEATが目指すものというのも、UWFスタイルとか、純プロのスタイルとかじゃなくて、最終的には何を伝えるのかっていうところになるのかもしれない。GLEATっていう団体で、何かを残せる選手をひとりでも多く育てたいっていう願望のほうが強いので。

——格闘プロレスによって、観客の心を震わせるような試合をする選手を作りたいと。

田村　そうですね。もちろんロープに飛んだり、場外にプランチャをするのもプロレスのひとつの技術なんだけど、UWFスタイルの場合は格闘技の技術、キック、パンチ、関節技をまずはしっかりしてなきゃいけないんで。選手が育つには3年とかちょっと長いスパンが必要になるかもしれないけど、それをうまい具合に表現してお客さんに伝えられたらって思うから。

「女子のほうは可能性がある。おそらくお客さんもまずは女子に食いつくかなっていう感覚が俺の中である」

――実際に田村さんが選手の指導もされているんですか？

田村　いま、伊藤貴則、渡辺壮馬っていう2選手がGLEAT所属なんですよ。まだまだ若手なんだけど、彼らをわかりやすく言えば指導をしている。でも俺は「指導」っていう言い方があまり好きじゃなくて、本人にどこまでやる気があるかが重要で、本人次第でいいと思うんだよね。本人にやる気がないんだったらやらなきゃいいし、やる気があるならどんどん火をつけてあげて。だから指導っていう感じよりも監視役っていう感じかな。練習でも見られてるのと見られてないのとでは、向き合い方が違うから。俺がいる空間で、ちょっと横目で見られながらやる練習っていうのは、普段ひとりで練習するよりも、ウェイトの回数だって1回、2回多くなるはずだから。そういう監視役も含めた指導はしてるね。

――練習はどこでやってるんですか？

田村　U－FILE CAMPだね。まあ、その練習内容というのもまだまだだけど。だからGLEATを始めることで格闘プロレスの輪をちょっとずつ広げたいと思っている。

――女子で教えている選手はいるんですか？

田村　女子はまだ俺自身は教えてないね。だけどGLEATに出場が決まっている選手は、朱里選手と優宇選手がいる。彼女たちには俺自身、「格闘プロレスにチャレンジしてくれてありがとう」っていう気持ちで拍手を贈りたいので。今後は女子にしても男子にしてもザ・UWFをやりたい選手を募集したいですね。現役プロレスラーでやりたいっていう選手がいたら。

――いま、女子プロレスラーでも格闘技の練習している人はけっこういますからね。

田村　うん、そうね。

――一般で格闘技ジムに通っている女性もたくさんいるし。そういう人たちが「MMAじゃなくて格闘プロレスをやりたい」と言ってきてもおかしくない話で。いま、女子プロレスラーのなり手もけっこういますから、そっちに可能性がある気がしますね。

田村　そうね。女子のほうは可能性があるかもね。

――これまで本格的な女UWF戦士っていませんしね。

田村　そこも狙いのひとつ。だから男子もあって女子もあるのが理想なんだけど、女子はまだやったことがないから、可能性という部分ではよりおもしろそうかなという感覚もあるし。おそらくお客さんも、まずは女子のほうに食いつくかなっていう感覚が俺の中であるから。なので俺は、GLEATの中で男女の格闘プロレスラーを育てていきたいという気持ちがあります。という内容で、今回のインタビューはよろしいでしょうか？（笑）。

——はい、大丈夫です（笑）。

田村　あと、ほかに何かある？

——ちなみになんですけど、長州さんとしっかり話される機会とかあるんですか？

田村　いや、ないね。

——食事会とかも？

田村　ないない。

——「これから一緒にGLEATやっていきましょう」みたいな感じの会合もないんですか。

田村　打ち合わせは何回かあるよ。でも、がっつりしゃべるっていうのはないね。まだちょっとこちらが緊張するんで。なんだかんだ言っても天下の長州力じゃないですか。

——そうですけど。GLEATのために腹を割ってという感じではないんですね。

田村　まだ腹は割らないでしょう（笑）。だって俺自身がまだ壁があるから。壁があるっていうのは「あっ、長州力だ……」っていう田村少年の感覚がまだあるのよ。それとあの「1995年の長州力だ」っていうのがあるから。ちょっとまだ距離があるっていうか、近づきがたいオーラを感じてるんで。もし長州さんからメシに誘われたら、喜んで行くかもしれないけど…畏れ多い（笑）。ちょっと複雑。

——ふたりがどんな話をしてるのか想像もつかないなと思って（笑）。

田村　長州さんから声をかけていただいたら、ちゃんと対応はしますけど。俺からはまだ全然、かけられないオーラというか、かけちゃいけない人だなって思っちゃうから。そんな感じです。

——じゃあ、GLEATをやっていく上で長州さんの感性と田村さんの感性ってまた全然違うと思うので、もしかしたらぶつかる可能性もある？

田村　どうだろうね。まあ、あまり長州さんはこっちに対して文句というかそういうのはないと思う。俺だって言われる筋合いはないし、Uのことは俺のほうがよく知ってると思ってるから。それで反対にプロレスのことは俺は全然わからないし、言う権利もないし、仲良くしたいっていう願望もないんだよね。もちろん大先輩だけど、一緒にご飯に行って、お酒を飲んでっていう関係にはならないと思う。あくまで仕事の現場で会う長州力さん、そこに田村潔司として行ってるから、いまはガッツリしゃべったりとかはないかな。なんかあったら、また言うわ（笑）。

——長州さんと田村さんって、これまでほぼ関わりはなかったわけですしね。共通点もサンバイザー愛用者同士ってことぐらいで（笑）。

田村　アッハッハッハ！　俺と長州さんの共通点がサンバイザーって、ガンツだから言えるんだよ。いま、サンバイザーってワードを出したって誰もわかんないよ（笑）。

――いや、いま世の中でサンバイザーといえば、長州さん、田村さん、掟ポルシェさんの3人だと思いますよ（笑）。

田村　それは光栄だね（笑）。

――ではチーム・サンバイザーが放つ、新たなプロレス興行GLEATに期待してますよ。

田村　とりあえず前に進むしかないんでね、温かく見守ってもらえたらと思いますよ。そして俺自身は、GLEATの中でしっかりとUを作り上げていこうと思います！

GLEAT INFORMATION

まもなく旗揚げ！チケット発売中　10・15『GLEAT』後楽園ホール

『GLEAT Ver.0』

2020年10月15日（木）　東京・後楽園ホール
開場17:45 開始19:00　主催：リデットエンターテインメント株式会社

［全対戦カード］
スーパードリームマッチ
秋山準＆関本大介＆谷口周平vs杉浦貴＆藤田和之＆ケンドー・カシン
メインイベント　渡辺壮馬vs拳王
セミファイナル（UWFルール）　朱里vs優宇
第2試合（UWFルール）　伊藤貴則＆大久保一樹vs船木誠勝＆田中稔
第1試合　NOSAWA論外VSカズ・ハヤシ

［お問い合わせ］
リデットエンターテインメント株式会社エンターテインメント事業部
03-5219-7717　https://ent.lidet.co.jp

田村潔司（たむら・きよし）
1969年12月17日生まれ、岡山県岡山市出身。U-FILE CAMP代表。
1988年に第2次UWFの入団テストを受けて合格し、1989年5月21日に鈴木実（みのる）戦でデビュー。UWF解散後、UWFインターナショナルの旗揚げに参加して頭角を現す。1992年5月8日、異種格闘技戦でボクシング世界ランカーのマシュー・サード・モハメッドから一本勝ち。1995年12月9日、K-1のリングでアルティメット特別ルールでパトリック・スミスから一本勝ち。1996年にリングスに移籍。2000年2月26日、ヘンゾ・グレイシーに判定勝ち。2001年にリングスを退団してPRIDE、HERO'S、DREAMなどに参戦した。2020年、プロレス新団体GLEATの旗揚げに伴い、同団体のエグゼクティブディレクターに就任。

KAMINOGE
THE TINDER MONSTER

覚醒した愛すべき怪物！
その破天荒すぎる
反省すべき点の多い半生!!

修斗環太平洋バンタム級王者

安藤達也

［総合格闘家］

中3のときにKIDさんや須藤元気さん、
宇野薫さんとかが
当時HERO'SとかDREAMに
バチバチ出てるのを観て、それで自分も
総合格闘技がやりたくなっちゃったんですよ。
もう『なんだこれは！ すげえ、カッケー！』
ってなって」

収録日：2020年9月11日　撮影：タイコウクニヨシ　聞き手：井上崇宏

LEGALIZE
LEGALIZE
LEGALIZE
LEGALIZE
LEGALIZE IT
LEGALIZE IT
PACIFIC RIM CHAMPION
FEATHER WEIGHT

「親はボクのことを『めっちゃ真面目か、ド不良になるかのどっちかしかない』って思ったらしいんですよ」

——安藤さんと直接お会いするのは初めてですけど、かねてより一方的に熱視線を送らせていただいています（笑）。

安藤　嬉しいッス。でもボクは話せる範囲と話せない範囲がはっきりとあるんですけど、大丈夫ですかね？（笑）。

——まあ、だいたいみんなそうですから（笑）。

安藤　なら安心したッス（にっこり）。

——安藤さんは生まれも育ちも東京ですよね？

安藤　そうです。ボクは杉並の浜田山ってところで育ったんですけど、小学生のときはスポーツとかやってなかったんですよ。ちょっとヤンチャなガキ大将みたいな感じで、ずっと5人くらいを連れて外で遊んでるタイプの子どもでしたね。

——ヤンチャっていうのはケンカとかもしたり？

安藤　はい。ケンカは小学校1～2年生くらいのときからやってましたね。遊んでてズルいことをするヤツとかが嫌いだったんで、そういうんで。だけどちょっとワンパク過ぎて、3年生になったとき、気がついたらまわりから友達がいなくなってて、孤立しちゃってたんですよ（笑）。隣の小学校の1個上のヤツら4人をひとりでボコボコにしちゃったりしてたので。

——なんで1対4のケンカになったんですか？

安藤　本当にくだらないことなんですけど、ボクたちがちょっと目立ってたんで、遊んでるところに隣の学校のヤンチャなヤツらがちょっかいを出してきて、石を投げてきたんですよ。それで「俺、行ってくる！」ってひとりでボコボコにしちゃって。それで先に手を出してきたのは向こうだし、こっちも自転車を壊されたりしたんで、親に言ったら「まあ、ひとりで4人ぶっとばしたんだったらしょうがないか」みたいな感じだったんですけど、そのときに「コイツは力があるから、心を鍛えないとちょっとまずいな」と思ったらしく、それから空手を習い始めるんですよ。地元の親子空手に週2回で通ってたんですけど。

——親子空手ってなんですか？

安藤　琉球少林流空手道っていう、子どもでも大人でも空手を目指してる人なら誰でもいるみたいなところがあって、そこで3年生のときから大人に混じってスパーリングをして。「小学生は胴とローキックだけ」みたいな感じでやってたんですけど、大人とやっても全然できちゃうみたいな。

——小3で！

安藤　もちろん手加減はしてくれてるんですけどね。それで週2回しかやってなかったんですけど「関東大会に出てみろ」って言われて出たら、みんな黒帯でボクだけ緑帯なのにいきなり優勝しちゃったんですよ（笑）。

――ここまでの話、全部気持ちいいですね（笑）。

安藤　親が空手の師範をやってる子どもとかはみんな黒帯を持ってるんですよ。そいつらは普段から超がんばって練習してたみたいで「なんだアイツ!?」みたいになってて。だけどボクは逆にそれでちょっと空手に興味がなくなっちゃったというか、「なんだ、余裕じゃん」みたいな感じになっちゃったんですよ。

――張り合いがない的な。

安藤　はい。でも、ちょうど3〜4年生のときにK－1が流行ってたんですよ。佐竹（雅昭）さんとかピーター・アーツとか、あとアンディ・フグがまだギリギリ活躍してた時期だったと思うんですけど、それでボクも友達にカカト落としをやったりとかしてて（笑）。なので「格闘技、カッケー！」みたいなのはあったんで、そのあと大会には出なかったんですけど、たまにちょっと身体を動かす程度に空手を6年生まで続けてましたね。

――それから中学に上がるとどうなるんですか？

安藤　まず、小学4年生のときに兄貴の影響で『スラムダンク』にハマっちゃったんですよ。それからはもう、遊びに行くときはいつもバスケットボールを持ってる少年みたいになったりして。

――ご両親は何かスポーツをやられてたんですか？

安藤　やってないですね。だけどボクが大人になってから知ったんですけど、両親はふたりとも地元ですげえヤンチャだったみたいで（笑）。だから親はそういうのをわかってるんで、ボクのことを「コイツはめっちゃ真面目か、ド不良になるかのどっちかしかない」って思ったらしいんですよ。それで「何かスポーツをやれ」って言われて、中学はバスケ部に入るんですけど。

――いい汗をかきなさいっていう。

安藤　それでバスケは中学3年間やったんですけど、中学のときってけっこうみんなグレちゃうじゃないですか？　だけどボクは兄貴が8個上だったんで思春期というか、ちょっと悪さをする時期みたいなのがみんなより早かったんですよ。だから小学校のときに人よりも先にグレてたっていうか、授業中に先生を一本背負いして逃げちゃうとかしてて（笑）。

――かなりマセてますね（笑）。

安藤　あとは4年生のとき、空手の稽古で中学生にいじめられてたんですよ。そういうちょっと嫌なヤツっているじゃないですか？　そいつにいつもいじめられてて、ボクもいい加減「ちょっとうぜえな」と思ってついにブチギレして、その中学生をボコボコにしちゃったんですよ。それで自信がついちゃって、一瞬だけ超いじめっ子になったりしたんですけど。

「高校最後の国体で優勝して、あとになって高校のときの試合とかを観るとマジでケンカなんですよ」

——先生や中学生相手にそこまでできる小学生って、けっこうな神童ですよね。

安藤　でも5～6年生になると、空手をやってたこともあって「本当の強さ」みたいなのがだんだんとわかってきたんですよ。それから中学校に上がったのでボクだけ全然グレなかったんですよね。それでやっぱり身体能力にはちょっと自信があったんで、バスケをやってるときも1対1で勝負するみたいな場面にはめちゃ強いみたいな。だけど、そのときの監督が「団体競技なんだから、みんなで勝つことが大事だ」って言い出したんですよ。その人はもともとプレイヤーじゃなかったんで、プレイヤーの気持ちがちょっとわからない人というか。それでいい結果が出ないとスケープゴートじゃないけど、ボクが的にされちゃったんですよね。いちばんうまくてキャプテンだったんですけど、「アイツの思い通りにさせたらチームがグチャグチャになる」とか思われちゃって、そこからその監督にいじめられてるんですよ（笑）。いちばんうまいのに、いちばん下のチームの1年生と試合に出させられたりとかして。それで「団体競技はちょっとダメかもな」ってなって、そこで一瞬グレそうになったんですけどね。アハハハハ！

——グレる理由が向こうからどんどんやって来るわけですね（笑）。

安藤　でも、小さい頃から母親に「男なら一度やったことは最後までケジメをつけろ」みたいなことをけっこう言われてたんですけど、その頃はボクが超ツラい顔をしてたんで、母親から人生で初めて「もう辞めてもいいよ」って言われたんですよ。でもその言葉で「いや、これで俺が辞めたらダメだな。親にそこまで言わせたんなら、逆にもっとがんばろうかな」と思っちゃって、そのあとは先生とも和解して、1軍に戻って中3の最後の大会までちゃんとがんばって引退したんですよ。あと、意外にも中学のときって勉強もしてたんですよ。こんな見た目なんですけど塾とかに行ったりもして、偏差値がいちばんあるときで62くらいですかね？　まあ、中間よりちょっといいかなぐらいの（笑）。

——いやいや、たいしたもんですよ。

安藤　それで3年間がんばってバスケは続けたけど、やっぱり自分には団体競技よりも個人競技のほうが向いてるなと思って。責任とか全部自分に戻ってくるほうがいいじゃないですか。それで、なんだかんだ空手が好きだったし、中3のときに（山本）ＫＩＤ（徳郁）さんや須藤元気さん、宇野薫さんとかが当時ＨＥＲＯ'ＳとかＤＲＥＡＭにバチバチ出てて、「なんだこれは！　すげえ、カッケー！」ってなって。Ｋ－１も観てま

LEGALIZE
LEGALIZE
LEGALIZE

したけど、やっぱ寝技が入ってくるとまた全然違うじゃないですか。それで「これがいちばん強いヤツだな」って思って、総合がやりたくなっちゃうんですよ。で、当時活躍していた人たちはみんなレスリング出身だったんで、「レスリングでいちばんを獲れないと総合でチャンピオンなんて無理なんじゃねえか?」ってなって、高校は関東一高を選んだんですよ。レスリングがやりたくて。

――あっ、須藤元気とかと同じ関東一高だったんですか。

安藤 そうなんですよ。それで関一のレスリング部の監督だった七尾秀敏先生という方がいるんですけど、その七尾先生と出会ったのが凄いデカくて、ボクの恩師と言えるひとりなんですよね。もう見た目とか完全にヤクザなんですよ(笑)。国士舘大学出身で、レスリング部で「三羽ガラス」って言われてたくらい有名な3人がいて、七尾先生もそのうちのひとりなんですよ。もう最初に七尾先生を見たときからすげえオーラがハンパなくて、「うわっ!」みたいな。それで「ちょっとマット運動してみろ」って言われてやったら、「おまえ、3年でチャンピオンになるよ」って言われたんですよ。こっちはレスリングをやったことないのにその気になるじゃないですか? それで高校は午前中だけの4時限授業で、午後になって13時から18時まで練習すれば1日が終わるっていう、それが週5で。それで土曜は隔週で午前中だけ、日曜は休み、みたいな感じで。だから高校のときからプロみたいな生活をしていて。

――マジでそうですよね。

安藤 それでその七尾先生がかなりおもしろくて、先生がいた頃の国士舘って「そういう道の人になるか、警察になるか、自衛官になるか、消防士になるか、先生になるか」っていう時代だったんですよ。ボクが関一に入った頃は先生はもう50歳くらいだったんですけど、OBの先輩に聞いたら昔は超怖かったらしくて。でも先生がひと回りもふた回りも丸くなってるときに出会えたので、凄いやさしかったし、カッコいいしっていう。高校生ぐらいのときって多感なので絶対に敵わない相手には「超カッコいい」みたいなのがあるじゃないですか? しかもお茶目で凄いおもしろいんスよ。

――また怖い人が言う冗談がいちばんおもしろかったりしますからね。緊張と緩和で(笑)。

安藤 そうなんですよね。で、先生は忙しくて練習が見れないんで、基本的には3年生のキャプテンが全体をまとめて練習をやるっていうスタイルだったんですけど、そのときにヒップホップをガンガン流しながら練習するっていう感覚が身についちゃったっスね。それでボクは高3年のときに国体で優勝して、先生が最初に言った「おまえ、3年でチャンピオンになるよ」が本当になったんですよ。1年のときも「おまえはすぐに海外で試合ができるようになるぞ」って言われて、そうしたら本当に高2の冬に日本代表として中国に遠征したりとか、高3のときはアメリカ遠征に行くようになったりして。

――レスリングはフリーですよね？

安藤　ずっとフリースタイルです。国体で優勝したときは66キロですね。

――66キロって、レスリングだといちばん勝つのが難しいくらいの階級じゃないですか。

安藤　そうですね。全国とかだと120人とかいて。

――そこでトップを獲ったんですね。

安藤　インターハイが3位で、最後の国体で優勝して。なんかわかんないですけど「ケンカだったら絶対に負けねー」みたいな謎の自信があったんで（笑）。あとになって高校のときの試合とかを観るとマジでケンカなんですよ。それで本当は高3で全国優勝したら、すぐに総合に行こうと思ってたんですけど。

「最悪なのが、大学3年のときに隠れてバイクに乗ってたときにコケちゃって、足の靭帯を潰しちゃったんですよ」

――当初の「総合をやるためにチャンピオンになる」っていうのはクリアしましたもんね。

安藤　だけど家族と話してて、やっぱ格闘技って不安定じゃないですか？　なので「親を納得させるのにもう1個必要だな」と思って。もともと親にも「全国優勝したら格闘技をやらせてくれ」とは言ってたんですけど、やっぱちょっと教員免許くらいは取っておこうかと思って、それで先生が国士舘出身だったんでオファーをかけてもらって、特待生として国士舘大学に行くことになったんですよ。まあ、それだったら親孝行かなって。

――国士舘大学の特待っていうのは、授業とかは全部免除ですか？

安藤　タダです。

――体育会は全寮制ですよね。

安藤　そうですね。だけど先生の時代は寮が世田谷だったんですけど、やっぱけっこういろいろと問題があって、多摩のほうに移っちゃってたんですよ。

――そんな理由で移転してきて、多摩の人たちはたまったもんじゃないですね（笑）。

安藤　間違いないっス。それで京王永山ってところにある寮に4年間住んでて、隠れてバイクに乗ったりとかいろいろヤンチャしてたんですけど（笑）。それでレスリングは1～2年のときは全然勝てなかったんですよ。ナショナルチームのコーチをやっていた先生が国士舘に帰ってきて監督をやってたんですけど、その人の名前のついた技があるぐらいけっこうレスリングでは有名な人で。

――あっ、誰でしたっけ？

LEGALIZE IT

LEGALIZE IT
LEGALIZE IT

安藤　和田（貴広）さんっていう人なんですけど。

――そうだ、それで得意技がワダ・スペシャルっていう。

安藤　そうです。ボクはその和田さんが国士舘に戻ってきたときの1期生で。だけどボクは特待生だったんでバッチバチに目をつけられてて、練習中とかに呼び出されていきなり6発殴られるみたいな。「おめえ、見てるだけで腹立つんだよ！」って（笑）。

――ええっ！　なんですか、そのワダ・スペシャルは⁉（笑）。

安藤　すげえヤバかったですよ。たぶん離婚が重なったりとかしてたからなんでしょうけど（笑）。

――アハハハハ。安藤さんの顔が別れた奥さんに似てたとか（笑）。

安藤　「俺、普通にやってるだけなのに、顔を見てるだけでいらつくってなんだよ……！」と思って。それで大学2年くらいのときにやさぐれちゃって、「もう死にてえな……」くらいまで思っちゃったんですよ。

――じゃあ、マジでちょっと病んじゃった感じで。

安藤　でも、そこでまた昔からの母ちゃんの教えじゃないですけど、「途中で辞めるのはちょっとダセえな」みたいに思って、そこからまたちょっと盛り返して行って。

――本当に小学生の頃から次々といろんなところから火の粉が降ってきますよね（笑）。

安藤　高校のときに「自分たちでやる」っていう練習のやり方が身についちゃってたんで、余計にですよね。毎朝6時から走って、16時半～19時半くらいまでマット（練習）やってみたいな生活をずっと繰り返してたんで。それで最悪なのが、大学3年のときに隠れてバイクに乗ってたときにコケちゃって、足の靭帯を潰しちゃったんですよ。1年からずっとレギュラーでリーグ戦に出てたんですけど、1～2年のときは全然勝てなくて、3年になって最初のリーグ戦で自分の試合は全部勝ったんですよ。それで「ちょっと今年はイケるんじゃね？」って思ってたときにバイクでコケちゃって（笑）。

――靭帯をやっちゃったって、けっこうな致命傷ですよね。

安藤　バイクを納車して初めて乗った日に、神田のほうに用事があって遊びに行ったんですよ。そうしたらゲリラ豪雨が凄くて、気がついたら高速に乗っちゃってたんですよ（笑）。

――気がついたら高速にって、絶対に料金所を通過したと思うんですけどね（笑）。

安藤　「あれっ⁉　なんか高速に乗っちゃってんじゃん‼」みたいな（笑）。「とりあえず神田を目指して降りろ！」ってなったんですけど、ゲリラ豪雨だから、すげえカーブのところなんか「おいおい、滑ってるし‼」っていう（笑）。オフロードのやつに乗ってたんですけど、それでコケちゃって足を潰しちゃったんですよ。それでもうその年は試合に出られなくなっちゃって、踏んだり蹴ったりで、だけど先生とかには言えないんで「クロックスを履いていて転びました」とか嘘をついちゃって、むしろ「サンダル禁止！」みたいになって「ヤベ～！」みたいな（笑）。

――安藤さん、めっちゃ陽気ですね（笑）。

安藤　それで4年生になってもう1回盛り返そうってことでインカレの決勝まで行ったんですけど、そこで負けちゃったんですよね。それでレスリングの引退試合で、12月に全日本があるんですよ。それに出られて、1回戦の相手がインカレの決勝で当たった相手だったんですけど、そこでリベンジして勝って。結局、その次の試合で社会人に負けちゃってベスト16で終わっちゃったんですけど、そこで「レスリングにもう悔いはないな」と思いましたね。

「ロスでカネを使いすぎちゃって『格闘技をやるために行ったのに俺は何をやってるんだ!?』ってなっちゃって（笑）」

――あの日、高速にさえ乗らなければ、もっといい成績を残せたでしょうね。

安藤　ゲリラ豪雨には勝てないっスよ（笑）。それでちょっと話は戻るんですけど、高3のときに2週間アメリカ遠征に行ったって言ったじゃないですか？　アメリカのミシガンだったんですけど、4つの高校を転戦して、そこでレスリングをやってる生徒の家にホームステイするっていうやつだったんですけど。そこで衝撃を受けちゃったことがあって、日本人チームが強すぎるんですよ。向こうは州の代表とかではなく、その学校ごとの代表だったんですけど、こっちはみんな日本一なんで、強すぎてボッコボコにしたんですよね。そうしたら試合が終わった瞬間に女のコたちがバーッと寄って来て囲まれるんですよ。

――へえー！　現地の高校生の女のコたちに？

安藤　そうです。マジで驚いたんですけど、アメリカのナンバーワンって全然価値が違うんですよ！（笑）。だって日本でレスリング1位っていっても、「凄いね。がんばったね」くらいのもんじゃないですか。それが向こうだと「おー、ヤバイ！」みたいな。なんかチューとかされちゃうくらいの感じだったんで「アメリカはいいところだ!!」と思って。それで、ボクは日本チームのキャプテンだったのにそんなになってたから、監督に呼び出されて「てめえ、なにチャラチャラしてんだよ！」ってみんなの前で超怒られたんですけど（笑）。だけど1校目で連絡先を教えてくれたコが2校目まで追いかけてきてくれたりして、超テンションが上がりましたよ。「アメリカのナンバーワンの価値って凄いんだな」って。だから、ずっとそのときの記憶が残ってて「またいつかアメリカに行きてー」ってなってたんですよ。

――それで大学を卒業してからアメリカに行ったたって話ですか？

安藤　そうなんですよ。その前にまず、大学を卒業してからバイトを3つかけ持ちしていて、六本木のクラブのセキュリティと引っ越し屋、あとはそば屋っスね。それと地元に具志堅ジムがあったんでちょこちょこ行ったりとか、高校のときの後輩がパラエストラ葛西でプロを目指してたから、そこにもたまに練習に行かせてもらったりとかして。

――MMAをやるっていう夢はまだ生きてたんですね。

安藤　そうっス。そのための準備期間としてバイトと練習をして、大学が学費免除だったから親から半分くらい資金援助してもらって、アメリカのロサンゼルスに留学したんですよ。それが大学を卒業した年の9月ですね。

――〝あのアメリカ〟に再上陸を果たして（笑）。

安藤　最初はスケボーとバスを利用してたんですけど、チャリンコをゲットしてからはW i－F iがあるところでジムを調べて、そのジムまでの道のりをスクリーンショットしてつなげていくっていうやり方で（笑）。それを見ながらチャリンコでいろんなジムに行って、英語はしゃべれないけど、とりあえず「練習したい！」って言ってクラスを受けさせてもらったりしてたんですよ。でもロサンゼルスはやっぱ家賃も高いし、いろいろカネがかかるなと思って。それでボクはその頃からユライア・フェイバーが気になってたんで、サクラメントのチーム・アルファメールか、サンノゼのAKAのどっちかに行きたいなと思ってたんですけど、サクラメントには語学学校があまりなかったんでそれで「どうしよう？」みたいな。結局、「とりあえず半年くらいロスにいて、クルマ買ったりしてからどうするか考えよう」と思ったんですけど。

――まあ、とにかくデタラメに行動力がありますよね。

安藤　それでトーランスっていうところにUFCジムがあったんで、そこに通ったりとかしてたんですけど、当時付き合っていた彼女が3カ月だけロスに来て一緒に住んでたんですよ。それで「ラスベガスに行きたい」ってなってクルマを買ったんですね。ロスで知り合った日本人で、日本から出張で来て現地で働いていた人の奥さんが乗っていたクルマを「私たちはもう日本にひきあげるから」ってことで30万くらいで売ってもらって。それでオイル交換をしなきゃいけなかったんですけど、やらずにラスベガスまでずっと飛ばしてたら、砂漠のど真ん中で煙を噴いちゃって（笑）。もうまわりのクルマもどんどん逃げていくんですよ。それで、とりあえずパーキングエリアの近くにメキシカンがやってる修理屋があったんで、そこに無理やり突っ込んだら応急手当てみたいなのをしてくれて、それでやっとベガスまでたどり着いたんですけど、ストリップ街の真ん中でもう1回煙を噴いちゃって！（笑）。もうそれでクルマがおしゃかになって、けっこうカネが飛んじゃったんですよ。そうしたら、そのあと親父が病気になって「ちょっとヤバイかも」ってなったんで、「もう日本にひきあげるか」となって。

——無念の撤退（笑）。

安藤　「クソー！　逆輸入でデビューしようとしてたのに！」みたいな（笑）。

——要するに須藤元気作戦ですよね（笑）。

安藤　まさにそんな感じです。だけどその野望が失敗に終わって12月26日とかに帰ってきて、そこから年が明けた1月4日か5日くらいに練馬にあるTRIDE TOKYOに行くっていう流れなんですけど。

——9月に行って、12月に帰ってきたってことは、ロスにいたのは4カ月くらいですか？

安藤　そうっス。もうカネを使いすぎちゃって「格闘技をやるために行ったのに、俺は何をやってるんだ！？」ってなっちゃって（笑）。

——それで日本に戻ってきて、TRIDEを選んだのはどうしてですか？

安藤　KRAZY BEEかTRIDEかで悩んでて、そのとき付き合ってたコがTRIDEの近くに住んでたので、そこかなって（笑）。だけどカラー的にはKRAZY BEEのほうが合ってたのかなーって、いまは思うんですけどね。

「夜叉坊とやる前日はTinderをやりまくってて、しかもカフェイン入りのサプリメントを飲んじゃってまったく寝れなくなっちゃって（笑）」

——まあ、ルックスとかファイトスタイル的には完全にKRAZY BEEですよね（笑）。

安藤　でも、KIDさんや朴（光哲）さんの試合とかもけっこう観てて好きだったんで「内に入ったらその人たちを超えられないんじゃないかな？」って思っちゃったんですよ。まあ、ちょっとビビったんですかね（笑）。それでTRIDEに入ったんですけど、その年の7月にアマチュア修斗の関東大会にいきなり出て優勝したんですよ。それで全国大会は9月だったんですけど、同じ月に長南（亮）さんの自主興行があったんで、そこでアマ修に出るよりもプロになっちゃえってことでデビュー戦として出させてもらって。

——アマ修で全国優勝はしてないんでしたっけ？

安藤　そうなんですよ。いや、その大会が終わってからまたアマ修に出ようと思ってたんですけど、内村洋次郎さんっていうボクと凄く気が合う人がいて、内村さんは練習でもガンガン来てくれるんで大好きなんですけど、ある日、内村さんといつものようにガンガンやってたら、どっちも熱くなってきて、ボクが前蹴りで内村さんの目を狙ったんですよ。要するにつま先で。

――えっ、それくらいの感じでスパーしてたんですか？

安藤　内村さんっていきなりガチで来るから、こっちもやらなきゃやられるっていう防衛本能ですよ。もちろん目には当たらないと思って蹴ってるんですけど。

――だけど目を狙ってはいた（笑）。

安藤　いやもう、それぐらいでやらないと逆にやられるから。

――そのくらいの気持ちでやってちょうどいいだろうっていう。

安藤　そうそう、その感じっス。そうしたら内村さんにガードされて、足の指が折れちゃったんですよ。それでアマ修の全国大会に出られなくなって。だけど、やっぱり修斗へのあこがれって強かったんですよ。ＫＩＤさんとかも最初は修斗からだし、堀口（恭司）くんや矢地（祐介）くんのことも間近で見てたんで「俺も修斗に出たい」と思って。そうしたらボクは全国アマ修には出ていないのに、なぜかプロに上がってたんですよ。関東大会で優勝しただけだったんですけど、その年のプロ昇格者になぜかボクの名前も挙げてもらってて。たぶん坂本（一弘）さんとか（佐藤）ルミナさんの目に留まったんだと思うんですけど。

――「もうキミは実力的にプロ」っていう。

安藤　けっこう関東のときもダントツだったんで「おっ、やったー！　修斗に出れるじゃん！」みたいな。そのあと勝村（周一朗）さんが主宰してたグランドスラムっていう大会に抜擢してもらって、ボクはまだプロ3戦目なんですけど、すでに16戦ぐらいやっていた芦田（崇宏）選手と闘って、あれは泥試合だったんですけど、がんばって勝って。あの試合からみんなが注目してくれるようになりましたよね。それから『Ｒｏａｄ ｔｏ ＵＦＣ ＪＡＰＡＮ』に呼んでもらって、（石原）夜叉坊とやってみたいな感じですかね。そこで夜叉坊に判定で敗れて、あれにはボクも納得いってないんですけどね。

――それは判定に納得がいかなかったんですか？

安藤　いや、あのときも超バカだったんで、試合の前日にＴｉｎｄｅｒをやりまくってたんですよ。Ｔｉｎｄｅｒは夜叉坊に教えてもらったんですけど（笑）。それで同じホテルに泊まってた白人の女のコとずっとメールしてて、ボクは本当にバカだったんで、そのときにカフェイン入りのサプリメントをよくわからないまま飲んじゃって、まったく寝れなくなっちゃって！（笑）。

――アハハハハ！　信じられないほどのバカですね！（笑）。

安藤　まったく寝れないから「もうＴｉｎｄｅｒやるしかねえ」みたいな（笑）。

――つまり納得がいってないっていうのは。

安藤　自分にです（笑）。「あんな大一番の前に俺は何をやってたんだ！」って。「夜叉坊くらいだったら勝てるっしょ」ってナメてたんですよね。だから2時間くらいしか寝てないまま試合しちゃって、それで負けちゃって。「最短でUFCに行けるなあ」って思ってたんですけどね（笑）。それで日本に帰ってきたら「修斗に出てくれ」ってことになって、最初からいきなりBランクくらいでヒジありの試合をさせてもらったんですよ。それで、いま修斗の世界チャンピオンになった佐藤将光と61キロ級でやったんですけど、ボクはずっと65・8キロでやってたんですけど、修斗に出るときに階級を下げろってことになって。でも高校のときからずっとその階級でやってたから、6キロ以上落としたことがなかったんですよ。それでもがんばって10キロくらい落としたんですけど、最初の頃は体調がまったく作れてなくてガス欠だったっスね。それで佐藤将光に負けちゃって。そこから1～2戦やって、今度は石橋佳大に一本負けしたんですけど、そのときもまだ水抜き5キロとかやって、コンディションが作るのが下手くそで。いまはだいぶうまくなってきたんですけど、水抜き5キロしたときは体温がコントロールできなくなっちゃって、最後の50グラムを落とすのに2時間かかりましたね。そんなんだから1ラウンドでボコボコにしつつ、2ラウンド目が始まった途端に速攻チョークで落とされて（笑）。「俺は絶対にタップしねーし！」って思ってたんですけど、タップしたっスね。その負けた2戦が分岐点だったんですけど、いま思えば「あそこで負けておいてよかったな」と。やっぱりそのあとからは慎重にコンディションを作るようになったんで。

――その石橋戦以降は、岡田遼戦がドローですけどあとは全部負けなしで、今年8月には田丸匠選手に勝って環太平洋バンタム級チャンピオンになって。

安藤　いまはどこのジムにも所属しないでフリーとしてやっていて、やっぱりボクのことを気にかけてくれる人とか、縁があって「練習においで」って言ってくれる人だったりもいて、友達とかも含めたいろんな人たちに助けられてきていますよね。ありがたいですよ。

――フリーのMMAファイターって珍しいですよね。

安藤　そうっスね。フリーになってからは自分で練習場所を選んでやるようになって、いろんなところに練習に行かせてもらってますね。だからマネージメントも自分なんですけど、ボクはスマホに縛られたくないんでメールとかLINEをほとんどチェックしないんですよ。それでよく「連絡がつかねーよ」って超怒られてますけど（笑）。マネージャーとしてどころか、社会人としてよくないですよね。まあ、ファイターとしても、社会人としても、がんばってやっていきたいっス（笑）。

安藤達也（あんどう・たつや）
1996年8月14日生まれ、東京都杉並区出身。総合格闘家。
中学生のときに総合格闘家を志すようになり、レスリングを始めるために関東一高に入学。高校3年のときに国体で優勝する。その後、国士舘大学に進学してからもレスリングを続け、卒業後の2013年9月よりアメリカ・ロサンゼルスに留学する。帰国後、TRIBE TOKYO M.M.Aに入門。修斗を主戦場にし、『ROAD TO UFC JAPAN』では日本版TUFフェザー級8人トーナメントに選出されるなど、2014年9月のプロデビュー以降、そのポテンシャルの高さから将来を嘱望され続けていたが、2020年8月1日に田丸匠をTKOで破って修斗環太平洋バンタム級王者となり、ついにタイトル初戴冠を果たす。

THE PEHLWANS

[Tomoo Gokita]

LATIN
PEHLWANS
Tシャツ

https://thepehlwans.stores.jp

マッスル坂井のぬりえコーナー

第０回『新型ディフェンダー』

去年、ランドローバーから新型のディフェンダーの発売が発表されたんですけど、もうHPの写真で一目惚れしてしまって。半年悩んで今年2月に予約しました。そのあと新型コロナの影響で、工場の稼働が全部ストップしたり、いまはもう生産が再開されているらしいんですが、新潟に到着するのは早くても来年以降のようです。自動車部品の金型の注文が全然こなくなっちゃったのも、なんとなくわかるなーという気がします。（マッスル坂井・談）

今号は、中邑画伯の代わりにマッスル画伯がぬりえ用の絵を描きました！

つまり巻末のマッスル坂井のページが中邑真輔のミニインタビューになっています。理由は特にありません!!

新連載スタート!

坂本一弘

馬乗りゴリラビルジャーニー(仮)

第2回 修斗という文学

(さかもと・かずひろ)
1969年3月4日生まれ、大阪府大阪市出身。
修斗プロデューサー/株式会社サステイン代表。

——坂本さんは入門して、しばらくはスーパータイガージムに所属されていたんですか?

坂本　そうですね。当時は修斗のジムってスーパータイガージムと木口道場、津田沼道場の3つしかなかったので。

——黎明期はそれくらいの規模で、じゃあ、対戦相手もほぼ顔見知りという感じですよね?

坂本　でもそこにはなんの疑いもなかったし、空手でもレスリングでも決勝まで行けば同門で当たったりするし、知ってるから試合できないとかはないですから。それと一緒の感覚ですよね。

——佐山さん目線で言うと、修斗という競技を完成させることが目標だったと思うんですけど、坂本さんたち選手側は、一緒に修斗を作り上げていこうという感覚よりも、誰よりも自分が強くなるという気持ちのほうが強かった感じですか?

坂本　こっちは完全にそうでしたよ。練習仲間だろうがなんだろうか、本当に関係なかったですよね。それでボクが2月か3月くらいにジムに入って、その年に夏の合宿が伊豆の下田であったんで行ったんですよ。それで練習をする時間とか、佐山先生とのミーティングの時間があったんですけど、ひとつ小話がありまして、そこで先生への質問コーナーっていうのがあるんですよ。

——興味深いですね(笑)。

坂本　先生が「なんか質問ない?」って気さくに聞くスタイルなんですけど、やっぱりみんな遠慮してなかなか誰も手を挙げないんですよ。そんな中、パッと手を挙げたひとりのヤツが「ソラール戦のあれは……」って言い出して。

——ちょっと待ってください。ジムの会員でサンドバッグに向かってクロスチョップをやる人がいたって話まではまだわかります。ジムには誰でも入会できますから。でも修斗の合宿の参加者でそんなことを言う人がいるなんて……(笑)。

坂本　もう俺にはそのときの画が蘇ってますよ(笑)。「はい!」って手を挙げて、先生が「はい、キミ!」って。「あの、ソラー

構成：井上崇宏

ル戦のときは本当にソラールの肩は脱臼してたんですか?」って聞いたら「うん、あれはプロレスだからさ。はい、次!」って。もう答えが早かったですよ（笑）。

——瞬殺! いや、反応してくれただけで快挙ですよ（笑）。

坂本 ミーティングはだいたい20時くらいから始まって1~2時間はやるんですよね。ボクらはMMAというか総合格闘技の本質自体が漠然としている状態ですから、先生に質問することもはばかられるというか。いまだったらいろんなことが聞けると思うんですけど、当時は「こんなことを聞いたらまずいんじゃないか……」とか、やっぱり考えちゃうじゃないですか。そこで合宿のクソしんどい練習をやりつつ、ソラール戦の話をマジで聞くっていう（笑）。いいでしょ、修斗創世記（笑）。

——また会いたい人がひとり増えました（笑）。

坂本 あのときのキミ。これを読んでたらボクに電話ください（笑）。いやー、あれは本当に凄かった。その沈黙の空気にいたたまれなくなって聞くことではないですよね（笑）。「ここは俺がひとつ質問をして、みんなを和ませてやろう」という意図だったとしてもかなりリスクが高いですよ。だって逆にもう全員が黙っちゃいましたからね。「おまえ、それはねえだろ……」って（笑）。ボクらは格闘技志向じゃないですか。だからまあ、UWFっていうのは経てきているんですけど、もうタイガーマスクまでさかのぼってはいないんですよ。すでにモードが違うんです。「修斗を作った佐山聡」として見ているんで。

——いやあ、想像していたよりも10段階上の質問でびっくりしました（笑）。

坂本 それで、そのときに先生が言った言葉があるんですよ。「おまえらは凄く幸せだよ。俺がおまえたちの時代にいたら、俺は凄いからね」って言ったんですよ。

——ああ、今度はリアルに興味深い話ですよ。

坂本 それを聞いて思ったのは「ああ、この人はやりたくてもできないんだな」って。やっぱり作る側だから。「おまえが俺だったとしたら、俺は凄いよ」って言われて「それはそうだな」と思いましたよね。そのときはボクもまだ18くらいだったけど、「この人を男にしたい!」っていうことではないんだけど、中途半端なことはやっちゃいけないなっていうか、もっと一生懸命にやらないとダメだなって凄く思いましたね。いまでもそのときの空気感、先生の言った言葉は、もうビデオを流しているかのように思い出せますよ。先生が座りながら棒かなんかを持っていて、そのときも誰も何も言えなくて、その言葉をあそこにいた何人が理解していたかはわからないですけど、ボクはその瞬間に「そっか。この人はやりたくてもできないんだな」と思った。修斗を作るためにどれほどのものを投げ売ったのかとか、それがどの程度なのかは当時のボクらにはわからないじゃないですか? でも、あのスーパースターという地位を捨ててまでやるものではあったわけですから。

——田崎健太さんが『真説・佐山サトル』の連載を書かれていたときに、ボクも佐山さんの取材にはずっと同行していて、そこでなんの思惑もなく「佐山さんは当時まだ20代で、ご自身が試合をやろうとは思わなかったんですか?」って聞いたら、「いやいや、ボクは作るほうで精一杯でしたから。そんな選手もやってっていう中途半端なことはできないですよね」ってきっぱりおっしゃってたんですよね。

坂本　もちろん、いろんな考えがあると思うんですよね。作りながらやるっていう人もいるし。だけど先生はそうおっしゃっているように中途半端にはできなかった人なんじゃないかなって思うんですよ。いろんなことを言う人がいるかもしれないけど、結局は「修斗は現在もまだ残っているじゃないか」って思うので。だから先生にとっては第1次UWFでやってきたことが、もうすでに挫折ではなかったってことですよね。「あの中では失敗したけど、俺が新しいものを作って成功させるんだ」っていう。だから先生ってどんどん「はい、次!」ってなるんじゃないですか。先生は凄くドライで、そこが新しい競技を始める上で非常に重要な要素なんでしょうけど、「はい、もう次!」となって掣圏道や須麻比を始めたりとか。先生の気持ちや性格的にそうなるのはよくわかるし、UWFは失敗作、ひとりではできなかった、だからこれはもう終わり、次。っていうことなんじゃないですかね。第1次UWFでは、言ってしまえばプレイングマネージャーをやっていたわけじゃないですか。やりながらいろんなことを組み立てていった。でも、それは理解されず、のちにパクられ。そういうことって……ねえ。だから「おまえが俺だったとしたら、俺は凄いよ」というのは、何かの想いがこもった先生の言葉なんだろうなと思うから、いまから33年前のことだけどはっきりと憶えているんですよね。このことは『1984年のUWF』を書かれた柳澤健さんから取材を受けたときも話しましたけどね。あれはまちがいなく魂の言葉だったと思いますよね。

――要するに佐山さんというのは、自分で問題を出して、その答えを出すことができるタイプの人間ということですかね。

坂本　そうなんです。問題も出せて、なおかつ問いかけに対して間違っていない答えも出せる人が本当に素晴らしいと思うんですよ。それで、たとえばひとつの問いに対する答えを出すときに「こういう方程式で答えが導き出せるよ」という理数系の側面と、もうひとつ文系の側面っていうのがあるじゃないですか。理数系の答えってひとつだけど、文系の側面だと、要するにどうとでも言えるんですよね。

――佐山さんは理数系と文系、どちらのタイプですか?

坂本　理数系・文系という部分で分けるとすると、修斗には文学的な部分も残っているのかなって思うんですよね。昔書かれた本で、いまだに読み続けられている本ってあるじゃないですか?　そういう本には「これはどういう意図があるのかな?」と考えさせられる余地があるということなんですよね。だからずっと読み続けられる。一度読み終えた本を何度も読み返す。先生もよく言ってたんですよ、「それもありだよね」って。決めつけていないんですよ。それって凄く文学的で、たとえばボクが高校のときに感銘を受けた先生がいて「おまえらがこの文章を読んで何を思っても、それはおまえらの自由だ。どう思ってもいい。でも我々は教師として答えを出さなきゃいけないから、おまえたちが出した答えにバツをつけるかもしれない」「これからの人生でいろんな本を読んで、そこでどう感動しようが、どう思おうがおまえらの自由なんだよ。だけど点数をつけなきゃいけないからひとつの答えは作るぞ」って。それを高校時代に聞いたときに凄く腑に落ちて。

――いい先生ですね。

坂本　そのときに勉強のなんたるかということがわかった気がしましたし、そうすると国語の点数も上がりますよね。「こういうふうに書けばマルなんだな」ってことになるわけですから。

――割り切りですよね。「俺はこう思うんだけど、ほしい答えはこうだろうな」っていう。

坂本　「作者が言いたいことを30字以内にまとめなさい」って問題を出されても、まとめられるんだったらボクらなんかよりも優秀な作者がとっくにまとめてるじゃないですか。でも、それをうまく30字以内にまとめるのがテクニックであって、それはMMAにも通じる部分があるんだろうし。MMAがいくら何でもありの自由な闘いであったとしても、ルールがあったりするわけじゃないですか。「その中で何をやるか？」っていうことですよね。ということは、理数系と文系の両方を受けつけないと佐山先生が言ってることというのはわからないのかもしれないですね。どんな選手にもかならず入門する日があるんですけど、でも卒業がないっていうところが幸せですよね。

――ああ！　たしかに。ずっと答えを追い求め続ける人生っていう。

坂本　修斗の選手なら、現役のキャリアを終える日は絶対にやってくるけども、格闘技のことを考え続けるということは一生続けられるっていうことですよね。だから修斗っていうのは、ずっと読まれる物語なんです。ネバーエンディング・ストーリーですよね。だから佐山先生のような、自分で問題を出せて、しかも答えを持ってる人の強さというんですかね、それは凄いと思いますよね。なかなかそういう人はいないんですからね。それで先生の出した問いに対して、腑に落ちるときがくるんですよね。「あっ、こういうことを言いたかったんだな」っていう。昔読んだ本だって、当時は理解できなかったことがいまになって理解できたりすることってあるじゃないですか。

――あります、あります。当時、20代の若い作家が書いた文章を、50前になってようやく理解することができたりとか（笑）。

坂本　そうそう。「これは何回も読んだ」という本もありますけど、たぶん二度と読まないだろうなっていう本もいっぱいあるじゃないですか。もしかしたら、そこに何かの発見があるのかもしれないけど、なんなら卒業もあるっていう。だから常に脱皮というか脱却を繰り返しながらも、結局は脱却できていない、脱皮できていないというか。輪廻転生的な部分にまで話が及んじゃうのかもしれないですけどね。だから「MMAという方程式」があったとしたら、「修斗という文学」もあるっていうことなんだろうなと思うんですよ。だから素敵なんですよね。

HENTAIZADANKAI

玉袋筋太郎の変態座談会

TAMABUKURO SUJITARO

ハマの猛将

新倉史祐

FUMIHIRO NIIKURA

秘蔵ネタはまだあるぞ!!
ジャイアント馬場と田中
八郎社長に愛された男が
今月も仰天逸話を発射!!

後編

収録日:2020年8月27日
撮影:橋詰大地　写真:平工幸雄
構成:堀江ガンツ

[変態座談会出席者プロフィール]
玉袋筋太郎（1967年・東京都出身の53歳／お笑い芸人／全日本スナック連盟会長）
椎名基樹（1968年・静岡県出身の52歳／構成作家／本誌でコラム連載中）
堀江ガンツ（1973年・栃木県出身の47歳／プロレス・格闘技ライター／変態座談会主宰者）

[スペシャルゲスト]
新倉史祐（にいくら・ふみひろ）
1957年8月23日生まれ、神奈川県横浜市出身。元プロレスラー。
1980年に新日本プロレスに入門し、1981年1月10日、斎藤弘幸（ヒロ斎藤）戦でデビュー。1984年9月、長州力らが設立したジャパンプロレスに合流し、ジャパン勢の一員として全日本プロレスに参戦。1986年、馳浩とともに覆面レスラーのベトコン・エクスプレス1号・2号として（1号が新倉）、プエルトリコのWWCやカナダ・カルガリーのスタンピード・レスリングに遠征。1987年のジャパンプロレス崩壊後はフリーとしてパイオニア戦志に参戦。その後、SWSやNOWに参戦を果たし、1993年に現役引退。

「ボクら若手の給料袋は薄いので、坂口さんが手裏剣みたいに投げて渡してましたから（笑）」（新倉）

新倉　いや〜、こないだはすみません。急に帰らなきゃいけなくなって。

玉袋　いえいえ、ご家族の病気でしたら、それがいちばん大事なことですから！

新倉　おかげさまで、だいぶ調子もよくなったんですけどね。ただ、こないだけっこう話したから、聞きたいこともうないんじゃないの？

ガンツ　いや、新倉さんにはジャパンプロレスやSWSなど、まだまだ話してもらわなきゃいけないことがたくさんありますから（笑）。

新倉　でもSWSの話はしなかったっけ？

椎名　○○○さんが嫌いってことだけは話してました（笑）。

新倉　ちょっと、そこはブッカーのKってイニシャルにしといてよ（笑）。

ガンツ　わかりました（笑）。では「後編」は新日本所属末期の話から続けていきたいと思いますけど、当時は新日本黄金期でありながら、アントンハイセルなんかもあって、利益が選手のファイトマネーに還元されないことへの不満とかはありましたか？

新倉　いや、上の選手はわからないけど、ボクらは若手だったんで、お金云々っていうのはなかったですね。ただ、あるとき会社から「ハンコを持って集合」って言われて事務所に行ったことがあるんですよ。（第一次）UWF騒動のときだったと思うんですけど、テレビ朝日から若手にもお金が出たんです。

椎名　引き止め料みたいな？

新倉　たぶん、そうなんでしょうね。契約金みたいな形で60〜70万もらったと思うんですよ。ボクらは1試合1万ちょっとしかもらってない頃ですから、けっこうな額ですよ。

玉袋　若手でそれぐらいテレ朝からもらえたなら、トップ選手は相当な引き止め料をもらってたんでしょうね。

新倉　試合のギャラだって凄かったですよ。星野（勘太郎）さんの給料袋が立ってましたから。

椎名　そんなにですか!?

新倉　当時はみんな手渡しですからね。経理の女の人がお盆にみんなの給料袋を乗せて持ってきて。もちろんボクら若手はこんな薄いですよ。坂口（征二）さんが手裏剣みたいに投げて渡してましたから（笑）。

椎名　失礼ですね〜（笑）。

新倉　それでちょっと上の平田（淳嗣）さん、ジョージ（高野）さんあたりは少し厚みがあってね。玉袋さんは若い頃はどうだったんですか？

玉袋　俺らも同じです。ウチは入門順で師匠がお金を封筒で配るんですよ。いま新倉さんが言ってた「星野さんが立った」っていうのは、俺らだとラッシャー板前の封筒が立った瞬間を見ましたよ（笑）。

椎名　マジですか!?　ラッシャーさんで立ったんですか？（笑）。

玉袋　立ったんだよ。

ガンツ　80年代後半のたけし軍団は凄いですね。

玉袋　俺らはいちばん下のぺーぺーだったから、ペラペラの封筒に4万円だったけどね。でも新日本はそんなにテレビにも出ていない星野さんが立ったってのが凄いな。

新倉　やっぱり初期からいる人は凄いんですよ。藤波さんもドスンというくらい厚かったし、木戸（修）さんも負けてなかった。

ガンツ　星野さん、藤波さん、木戸さんって、日本プロレス時代からの人ですしね。

新倉　それで長州さんはギャラの日に来ないんですよ。なぜかっていうと、巡業中にハガミ（前借り）しすぎて、取りに行っても少ないから。

ガンツ　そんなに使ってたんですか（笑）。

新倉　まだ維新軍をやる前、坂口さんと北米タッグを組んでた時代ですからね。ギャラも少ないのに、ギャンブルが好きで。

玉袋　ギャンブルっていうのは？

新倉　仲間内で花札とか麻雀をやるだけですけどね。長州さん、博打好きなのに弱いから。ジャパンプロレス時代はよく長州さん、保永（昇男）さん、仲野の信ちゃん、俺の4人で麻雀やってましたけど、いっつも長州さんが負けて「俺はおまえらにこづかいを配ってやってるんだ」って言ってましたね。でも、いまこういうこと言ったらまずいよね？（笑）。

玉袋　昔の話ですよ！（笑）。

椎名　巨人の原監督みたいに、いまの疑惑じゃないから（笑）。

玉袋　でも昔のトップレスラーは、プロ野球選手に負けないくらい稼いでたっていうしね。

新倉　ストロング小林さんが新日本に来て初めて給料をもらったとき、「こんなにもらえません」って戻したらしいですよ。

玉袋　また、人がいいな～（笑）。

新倉　国際ではそんなにもらってなかったみたいで。それで山本小鉄さんが「いやいや、小林さん。受け取ってください！」と。

玉袋　猪木さんの名声もストロング小林戦で一気に上がったわけだから。小林さんはもらってしかるべきだもん。

新倉　やっぱり、テレビに出てる人はもらってたんですよ。だから俺らがジャパンに移る前、髙田（延彦）はテレビに出始めてたんで、同期の俺らよりちょっと多かったと思う。前田（日明）さんもイギリスから帰ってきて、ポール・オンドーフを

やっつけたあと、初めてギャラをもらってきたときに道場でみんなの前で封筒を開けて、うれしそうに10万円ずつ束にして数えてましたからね。俺らも「おっ、前田さん、ずいぶんありますね！」とか言って。やっぱり海外から帰ってきてスターになると一気に変わるから。

玉袋 いい話ですね～。

新倉 俺ら若手は少なかったけど、寮にいるうちはメシも出るし、ほとんど使わないから問題ないんですよね。

「イチモツのデカさでソープ嬢を壊すっていうのは、アンドレの足を折るよりも凄い話ですよ！（笑）」（玉袋）

ガンツ それで新倉さんはジャパンに行く前、長州さんの家に居候してたんですよね？

新倉 そうそう。デビュー3年ぐらい経って「そろそろ道場を出たいな」と思ってたとき、長州さんに「じゃあ、俺のところに来いよ」って言われたんですよ。目黒のけっこう広いマンションだったんで。

玉袋 長州さん、お金はみんな壺の中に入れて、出かけるときはそこから手づかみで取っていってたんですよね？

新倉 そうでしたね。お札も小銭もみんなそこに入れて。

玉袋 壺に入れてるってキムチじゃねえんだから（笑）。

椎名　凄いセンスですね（笑）。

玉袋　でも一緒に生活していると、女性関係とか気をつかったんじゃないですか？

新倉　やっぱり長州さんも独身で人気絶頂の頃だから、女性の出入りはけっこうありましたよ。女性と帰ってきて俺がリビングにいると、テレビの音量を最大にしてベッドルームに消えてね（笑）。

玉袋　扉の向こうでハイスパートが展開されてたんだろうな（笑）。

ガンツ　維新軍はもの凄くモテたっていいますもんね。

椎名　小林邦昭さんとか伝説だもんね（笑）。

玉袋　前にキラー・カーンさんの店に行ったら、その頃のオンナの話をしてたよ。

新倉　あっ、小沢さん？　長州さんと仲が悪いですからね～。

玉袋　カーンさんが言うには（カーン口調で）「吉田はもう、オンナがひどいんだから」って。

椎名　モノマネがうまくなってますね（笑）。

ガンツ　でもカーンさんも、自分より長州さんのほうがモテるから頭にきてたってことじゃないですかね（笑）。

新倉　きっとそうですよ。この話、小沢さんにしたらたぶんよろこぶと思いますけど、小沢さんのイチモツって日本のプロレスラーの中でもいちばんデカイって言われてるんですよ。これは知ってます？

玉袋　えーっ!?

新倉　ミスター・ヒトさん曰く、「外国の控室で堂々と出して歩ける日本人はアイツくらいだ」って（笑）。

椎名　さすが闘うモンゴリアン（笑）。

新倉　それで『アラビアンナイト』っていう川崎の有名なソープがあるんですよ。巨人軍の有名選手とかもいっぱい行ってる店で。俺はそこの店長さんと仲がよくて、その人がよく食事をご馳走してくれたんですけど、「新倉くん、じつはね、キラー・カーンさんが来て、身体も大きいからいちばんベテランの女性を当てたんだよ」と。

玉袋　ベテランだったら、カーンさんとでもしっかり試合ができると。

新倉　ところが、終わってカーンさんが帰っても内線連絡が入らないから、店長さんが「どうしたんだ？」って電話したら「今日はもう帰らせてもらいたい」「いま来たプロレスラーの人、もの凄く大きくて、ちょっと私、壊れた感じ」って言ったらしいんです（笑）。

椎名　そんな大きいんだ!?（笑）。

新倉　それで俺が小沢さんにその話をしたら、「おまえ、よく知ってるな～」ってニヤニヤしながら言ってましたよ（笑）。その女性はもともと体調もよくなかったらしいんですけど、それでもソープランドで壊れたっていうのはめったにない話らしくて。

玉袋　アンドレの足を折るよりも凄い話ですよ！（笑）。

新倉　それで店長さんに「そんなに大きかったんだ？」って聞いたら、「あの人、ブルドックソースくらいあったらしいよ」って（笑）。

玉袋　銘柄指定だよ！（笑）。

ガンツ　５００㎖入りのデカイやつですね（笑）。

玉袋　俺はそれ以前に「カーンさん、アメリカでモテたんじゃないですか？」って聞いたら、「いや〜、アメリカに行ってモテちゃってさ、数え切れないくらいヤったよ。俺よりもモテたの、ハルク・ホーガンくらいだよ」って言ってて。「カーンさん、どれくらいヤったんですか？」って聞いたら「６人かな」って。少ねえじゃん。数え切れてるじゃんって（笑）。でも、いまの新倉さんの話を聞いて逆転したね。

新倉　控室で聞いたんですよ。「小沢さん、日本の女性じゃ無理でしょ？」って。そうしたらうれしそうに「いやあ、俺、何人壊したかわかんない」って（笑）。

椎名　〝クラッシャー〟は前田日明じゃなかったんですね（笑）。

ガンツ　元祖・破壊王（笑）。

新倉　この話は雑誌に載らないよね？

ガンツ　いや、これは載りますね（笑）。

椎名　名誉なことだからね（笑）。

「三沢はうまいから身体を預けておいて問題なかったけど、川田は危なくて何度かケガさせられそうになりましたよ」（新倉）

ガンツ　新倉さんの本『プロレスラーの秘密の話』では、カーンさんのイチモツ話だけじゃなく、真珠を入れてるレスラーが３人いるって話も載ってますよね（笑）。

新倉　ＴさんとＩさんとＫさんね。

椎名　それは「なるほど！」っていうメンバーですね（笑）。

新倉　あのへん、仲がいいから。ひとりが入れてきたら「じゃあ、俺も」ってみんな入れちゃってね。結局、みんなＳＷＳに集まったっていう。

玉袋　ＳＷＳのＳは真珠のＳだったんだ（笑）。

椎名　パール兄弟（笑）。

玉袋　うまいね！　俺もポール牧師匠を「パール牧」って呼んだもんな（笑）。

ガンツ　ポール師匠が入れてるっていうのも有名な話ですよね（笑）。

玉袋　だって俺、自慢されたからね。「これを入れたらオンナのアソコに溝ができて、もう離れられなくなる！」って。だから俺が「なんで師匠は４回離婚してるんですか？」って聞いたら、「それを言うなよ、おまえ」って言われたよ（笑）。

椎名　逃げられてるじゃねえかって（笑）。

ガンツ　では、イチモツの話はこれぐらいにしましょうかね。

玉袋　そうだよ！　わざわざ前編・後編に分けて、なんの話をしてるんだよ！（笑）。

ガンツ　で、新倉さんはその後、ジャパンプロレスに移るわけですよね。ジャパンはどういった経緯で設立されたんですか？

新倉　ジャパンはのちに会長になる竹田（勝司）さんという家具屋さんがお金を出して、新日本の営業部長だった大塚（直樹＝ジャパンプロレス社長）さんが設立したんですよ。竹田さんはもともと永源さんのスポンサーだったんだけど、羽田空港でケンカしたのがきっかけで仲良くなったらしいんです。

玉袋　その竹田さんと永源さんがですか？

新倉　竹田会長がタクシーの順番待ちをしていたとき、永源さんが横から入って先に乗ろうとしたみたいで「おいおい、待てよ。私が先なんだから」って言ったのに、永源さんが無視するから押し問答になったって。

椎名　しょうがない人ですね（笑）。

新倉　そこで揉めてもしょうがないんで、竹田会長が引いて「あんた、どこまで行くの？」って聞いたら同じ方面だったらしくて、「じゃあ、一緒に乗って行こう」と。それからジャパンのスポンサーになったんですよ（笑）。

ガンツ　永源さんはケンカ相手もスポンサーにしちゃうっていう（笑）。

玉袋　さすがだな～！　で、お金はあるとして、みんなジャパンに行ったっていうのは大塚さんに人望があったんですか？

新倉　これはボクの主観なんですけど、プロレス界での人望って、悪くなければ「この人は大丈夫だな」って信用されて、人望につながるんですよ。だって適当なヤツばっかりじゃないですか。

ガンツ　悪いのが普通だから、悪くないだけで「いい人」になると（笑）。

新倉　大塚さんは新日本プロレス興業という会社を作って、新日本や全日本の興行をやっていたやり手だから大丈夫だろうなと。それでボクなんかも長州さんに「来い」って誘われてジャパンに移籍したら、契約金で２００～３００万くれましたよ。新日本の若手だったのに。

玉袋　それは凄いですね。

新倉　それで全日本のリングに上がることになるので、ギャラも馬場さんと交渉してくれて、そのとき1試合3万円台になったんですよ。それで全日本とジャパンの自主興行を合わせて、年間200試合くらいあって。そのほかに海外にも行ってたんで、25～26歳ぐらいで、年収が700～800万くらいはありましたよ。

玉袋　新日本を抜けるときは、どういうふうに仁義を切ったんですか？

新倉　いや、だから夜逃げですよ。

玉袋　えーっ!?

新倉　いきなり記者会見ですから。長州さんなんか居場所を突き止められないように、いまの新高輪プリンスホテルに部屋を取って、そこに何日間か隠れてましたからね。だから極秘にしておいて、みんなで一気に抜けたんです。

玉袋　それでジャパン所属として全日本に行ってみてどうでした？

新倉　勉強になりましたね。マイティ井上さんとか凄くうまかったですから。

玉袋　やっぱマイティさんはうまいんだな～。

新倉　あと三沢（光晴）は凄く試合がやりやすかった。彼とやるとラクなんですよ。

ガンツ　うまい人とやると疲れないって言いますもんね。

新倉　あと、うまいから三沢には身体を預けておいて問題なかったんです。逆に川田（利明）は危なかった。スピンキックが歯のところに来たりとか、何度かケガさせられそうになりましたから。

玉袋　そういう意味でデンジャラスKだったんだな。全日本と新日本のスタイルの違いはどうでしたか？　よく言われるのが、長州さんと鶴田さんが60分フルタイムをやったとき、長州さんは30分で息があがっちゃうみたいなことが言われましたけど。

新倉　あがってなかったですよ。ボクはリングサイドで観てましたけど、「最初からいっぱいまで俺は行く！」っていうような雰囲気で最初から行ってましたからね。アマレスをやってた人は基本的にスタミナは底なしなので。ただ、鶴田さんはデカいんで、ああいう人とやると1・5倍疲れるんですよ。鶴田さんや（高野）俊二、あとは馬場さん。ああいうデカイ人と試合をするとこっちは大変なんで。それはスタミナの問題じゃないから。

「ブロディが殺されたバラモン球場って、俺らがプエルトリコで最後に試合した会場だからいまだに憶えてる」（新倉）

ガンツ　大きい人は自分からは動かないわけですからね。

新倉　そうなんですよ。

ガンツ　ジャパンの人たちは、全日本に対して「ウチのほうが練習量は全然上だぞ」っていう気持ちはあったんじゃないですか？

新日　ボクら新日本系は15時半には会場入りして、リングのまわりでスクワット、プッシュアップ、そこからリング上の練習をかならずやるんですよ。そのうち全日本の人たちが16時半ぐらいに来ると、もう俺らは汗びっちょりなんです。向こうは「あっ……」って感じで。

椎名　そこで差を見せてるわけですね。

新倉　そうしたら次のシリーズくらいから、15時に馬場さんと三沢と、ハル薗田さん、ターザン後藤、川田、あのへんが俺たちが来る前にリングで練習やってたんですよ。

ガンツ　まずはリングを占拠と（笑）。

新倉　そういう競い合う気持ちはありましたね。それで全日本にあったバーベルじゃ重りが足りなかったんですよ。長州さんって凄いパワーがあるから。それでボクらジャパンが合流するようになって、全日本にはダンベルやバーベルが増えましたからね。

玉袋　それは両方にとって刺激になってよかったんでしょうね。

新倉　お互いに「負けてたまるか」っていうのはありましたから。薗田さんなんか、新日本はボコボコ入れてもいいものだって勘違いしてて、かならずドロップキックは顔面を狙ってきましたからね（笑）。

玉袋　すげえ話（笑）。

ガンツ　以前、仲野信市さんにインタビューしたとき、全日本に合流した当時、マイティ井上さんに便所に呼ばれて「おまえら、何もプロレス知らねえだろ。何を習ってきたんだ」って説教されたって言ってたんですよ（笑）。

新倉　あっ、それは笹崎（伸司）も言ってたな。俺は言われなかったけど。要するに全日系は動きのパターンがあるんですよ。ロックアップで組んでから、ヘッドロックをしてメイヤーで投げて、ヘッドシザースで返すみたいな。そのセットになった動きが全日本のイロハなんですけど、新日本にはそういう型がまったくないんで。

ガンツ　それなしでプロレスをやってるっていうのが、全日本、国際系の人からすると信じられないんでしょうね。

新倉　どっちがいいとは一概には言えないですけど、俺なんかは見て向こうに合わせましたけどね。

玉袋　そのへんの柔軟さがあるから、新倉さんはどこでもやっていけたんだろうな。

新倉　そうじゃなきゃ海外ではやっていけませんからね。だから全日本ではいい勉強をさせてもらいましたよ。だってドリー・ファンク・ジュニアでしょ。それからハーリー・レイス、ビル・ロビンソン、ザ・デストロイヤー、ロード・ウォリアー

NEW YORK

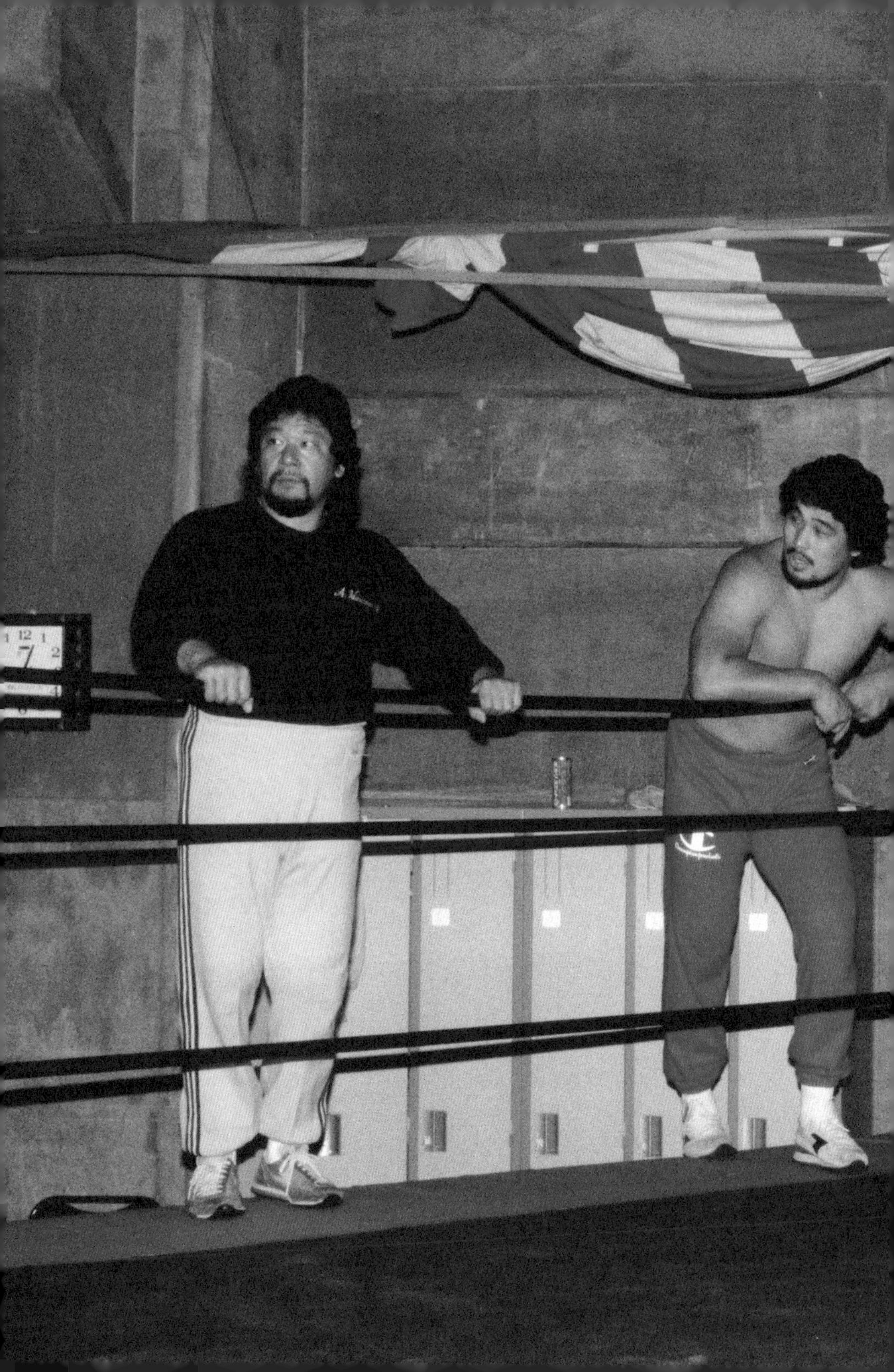

ズ。トップレスラーがいっぱいいましたから。テレビマッチでボクとミル・マスカラスの試合っていうのもあったんですよ。あれはおそらく新日本に見せつけるためですよね。

玉袋　なるほど！　全日本に来た選手はこんな大物とできるんだぞと。

新倉　だから馬場さんは恩人ですよ。トップどころみんなとやらせてもらいましたから。

玉袋　でもトップの選手とやると、生意気なグリーンボーイはお灸を据えられたりとかもあるんじゃないですか？

新倉　そういえば保永さんがハーリー・レイスにチキンウイング・フェイスロックをやったら、試合が終わったあとに「おい、あれはセメントじゃねえか！」って言いにきて、身振り手振りで「ノー・ロック！　オープン！」って（笑）。

ガンツ　極まってるように見えるやり方を伝授されましたか（笑）。

新倉　「もう、あんな技使うなよ！」って顔してましたよ。天下の世界チャンピオンが（笑）。

玉袋　おもしれえな〜。じゃあ、新倉さんは全日本に溶け込めた感じですか？

新倉　そうじゃないですかね。引退したあと、小川（良成）くんがウチの店に来たときに言ってたんですよ。「馬場さんは新倉さんのことを買ってたんですよ」って。「おまえ、いまごろそんなこと言うなよ。なんであの当時言ってくれなかったんだ」って（笑）。だけど馬場さんが控室で「新倉はいい」って言っていたと聞いて、やっぱりうれしかったですよ。

ガンツ　だからこそ、海外遠征にも出してくれたんでしょうね。

玉袋　そうだよな。全日本じゃなくてジャパン所属なのに出してもらったわけだから。ベトコンのふたりは。

新倉　ありがたいですよね。最初、馬場さんにプエルトリコにブッキングしてもらって。向こうの幹部がカルロス・コロン、ビクター・ジョビカ、ホセ・ゴンザレス。悪いヤツらですよ、アイツらは。

椎名　やっぱり悪いヤツらなんですか。

新倉　俺、絶対にブロディはやられると思ってたから。ブロディが試合でめちゃくちゃやるんですよ。コーナーにいるゴンザレスの顔面にバーッと走っていってもの凄いキックを入れたりね。

ガンツ　なるほど。ホセ・ゴンザレスってプエルトリコの山本小鉄ですよ？　立場としては新日でいうところの小鉄さんなんですね。

玉袋　それをボコボコにやっちゃったわけか。

新倉　プエルトリコはカルロス・コロンが猪木さんで、ビクター・ジョビカが坂口さん、ホセ・ゴンザレスが小鉄さんだから。そういう人に対してもブロディはおかまいなしだったから、馳といつも「大丈夫かな。なんかなけりゃいいけどな……」って言ってってね。それで俺らがプエルトリコからカルガリーに行って、ちょっと経った頃にあの事件があったんですよ。

玉袋　ブロディが刺されたときは、反対側のドレッシングルームに武藤敬司がいたんだよな。

新倉　桜田（一男）さんと武藤がいたらしいですね。ブロディが殺られたバラモン球場って、俺らがプエルトリコで最後に試合した会場だから、いまだに憶えてますよ。シャワー室が控室になってて「あそこで殺られたんだな」って。

「プエルトリコの〝暗黒街〟って、ミスター・ポーゴ以外の口から聞けるとは思いませんでした(笑)」(椎名)

椎名　やっぱりプエルトリコって危険なんですか？

新倉　危険ですよ。初めてプエルトリコに行ったとき、20何時間もかけて向こうに着いたら、いきなり「これからテレビマッチだから4試合やってくれ」って言われたんですよ。ただでさえクタクタなのに4試合もやらされて、終わったあとすぐにでも寝たかったので、「もう疲れたんで俺らはタクシーでも拾ってホテルに帰るから」って言ったら「ノー、ノー、ノー！」ってスタッフが追いかけてくるんですよ。「なんで？」ってスタッフに聞いたら、「ノー、ノー！　ベリー、デンジャラス！　撃たれるからダメだ！」って。「えっ、そんなところに来たのか!?」ってね（笑）。

ガンツ　普通にタクシーで帰るだけでも危ないんですか？

新倉　プエルトリコはメキシコより危ないですからね。それでテレビマッチを収録するところも、暗黒街っていうんですかね、凄いところだったんで。

椎名　プエルトリコの「暗黒街」って、ミスター・ポーゴ以外の口から聞けるとは思いませんでした（笑）。

新倉　それで関係者がクルマを出してくれたんですけど、レスラーもほとんど全員、護身用にナイフを持ってるんですよ。ピストルを持ってるヤツもいたし。ボクが知ってるかぎりでは、キューバン・アサシンなんかはピストルを持ってましたね。

玉袋　そういうところで身体ひとつで生きていくんだから、やっぱりプロレスラーはすげえ。

新倉　いま振り返れば、いい思い出ですけどね。ヒルトンホテルにトレーニングジムがあって、毎日そこで練習して。ご飯を食べて、試合に行ってという感じで。試合も毎日じゃなくて週3～4試合くらいだったから、のんびりできて。ビーチなんかにもよく行きましたしね。

ガンツ　プエルトリコでは、どんな選手たちと試合をしていたんですか？

新倉　向こうでスーパー・メディコって名前でやってた、カルロス・ホセ・エストラーダとか。

ガンツ　ああ、藤波さんとMSGでやった選手ですね。

新倉　あとはミゲル・ペレス・ジュニア、ウラカン・カスティーヨ・ジュニア、メディコ2号とか。ホセ・ゴンザレスとも試合をやりましたよ。俺らはヒールだったんで、相手は向こうの英雄ばっかりですね。

玉袋　プエルトリコじゃ、まだベトコンじゃなかったんですか？

新倉　ベトコンはカナダに行ってからですね。

玉袋　カルガリーっていうと、みんな「安達（勝治＝ミスター・ヒト）さんにお世話になった」って言うけど、ジョー大剛さんはあんまいい話を聞かないんですよね（笑）。

新倉　ボクがいるときは安達さんオンリーだったんで、大剛さんとの関わりはなかったですね。安達さんはジャパンとも繋がりがあって、プエルトリコが選手飽和状態で試合が組まれる回数が少なくなった頃、日本に電話したら、タイガー服部さんが安達さんに連絡してくれて。「カルガリーにいま日本人がいないし、手が合うのがいるから来なよ」って言ってもらえたんですよ。

玉袋　俺たちはこの企画で安達さんとお会いできなかったんですけど、みんな安達さんのことをすげえ言うんですよね。

新倉　面倒見がいいし、安達さんはスチュ・ハートの家の庭でプロレス教室をやってたんですよ。そこにまだ少年だったブライアン・ピルマン、クリス・ベノワとかが来ていて、俺と馳、安達さんで教えたんですから。ハート一族のヤツらは教えるのが下手くそで、日本人のほうがうまいんですよ。

ガンツ　そうなんですか!?（笑）。

新倉　だから安達さんと俺と馳で教えて、のちにみんなトップになっちゃったからね。

玉袋　凄いなあ（笑）。

ガンツ　ベトコン・エキスプレスっていうのは、誰のアイデアだったんですか？

新倉　あれはブルース・ハート。ベトナム戦争があったじゃないですか。だから「ヒールをやるなら日本人よりベトナム人だ」ってことで。それで日本式のハイスパートレスリングをやったら、オーエン・ハートたちと手が合っちゃってね。ブルース・ハートとかダイナマイト・キッド、デイビーボーイ・スミスもいて。ボクらが行ったときは3分の2くらいしかお客が入っていなかったんですけど、1カ月後にはフルハウスですからね。うれしかったですよ。日本で流行ってたダブルクローズラインとか、ダブルのパイルドライバーとかをやってね。

ガンツ　それこそ維新軍の試合みたいなのをやったわけですね。

新倉　ジャーマン・スープレックスとか向こうの選手はあまりやらないから、俺たちがやったらスチュ・ハートがよろこんじゃってね。最初はギャラが週給400ドルくらいだったんですけど、すぐに600ドルになって、それからドンドン上がっていきましたよ。

ガンツ　凄く充実してたんですね。

新倉　だって1週間で8試合ですよ。日曜はダブルヘッダーもあったんだから。

玉袋　それだけ稼ぐベトコンはいないよ（笑）。

「SWSは試合の勝者に賞金まで出していて、天龍さんが『これはもらっちゃいけないカネだ』って言ってた」（ガンツ）

ガンツ　新倉さんがカルガリーにいたときにジャパンが分裂したんですか？

新倉　いや、じつは内臓の調子を悪くして、馳だけを残して1回帰国してたんですよ。そのときにジャパンが分裂しちゃって。あのとき、長州さんたちは新日本に戻って、永源さんや谷津（嘉章）さんは全日本に残ったじゃないですか。で、俺は新日本に戻ろうと思ったんだけど、籍が全日本にあって、新日本に行ったら違約金がかかるってことになったんですよ。それで坂口さんに「違約金がかかるから、おまえと契約はできない」って言われてね。そうしたら長州さんが「じゃあ、新倉の違約金は私が自腹で払いますから」って言ってくれたんですよ。

玉袋　うわっ、長州さん、すげえ。

新倉　でも長州さんも結婚したばかりだったし、家庭があるのに俺のために何百万も払ってもらうわけにいかないから、「わかりました。じゃあ、ボクはフリーになります」って長州さんと坂口さんの前で言ったんですよ。でもフリーになっても全日本の契約があるかぎり新日本には上がれないので、大嫌いな剛竜馬の団体（パイオニア戦志）に上がったりしてね（笑）。

ガンツ　そういえば、平田さんが言ってましたよ。新日本に戻ったら全日本への違約金を月賦で払わされて、何年間か貧乏生活が続いたって。

新倉　あっ、平田さんは自分で払ったんだ。馳なんかはデビューがプエルトリコだったから、全日本と選手契約をしていないのですんなり行けたんだけどね。

ガンツ　その後、SWSですか。

新倉　フリーになってからSができたんで、ワカマツさんに連絡をして「選手が必要でしたら、私はフリーなので使ってください」って言ったら「じゃあ、社長に話しておくから」ってことになって。その後、田中八郎社長とワカマツさんと小田原にあるメガネスーパー本社で会って参戦が決まったんですよ。

玉袋　それ以前にワカマツさんとの関係はあったんですか？

新倉　なんでワカマツさんを知ってるかって言うと、新日本でマシンのマネージャーをやってたじゃないですか。ストロングマシン1号&2号の最初の相手は、俺と栗栖（正伸）さんですからね（笑）。平田さんと力抜山がマスクを被って。

ガンツ　マシンがスキー帽を被って後楽園に初登場したときも、ショルダータックルで吹っ飛ばされる若手が新倉さんと小杉（俊二）さんでしたよね（笑）。

新倉　ああいう役目はだいたい俺と小杉だったからね。

ガンツ　ＳＷＳは引き抜かれた選手だと契約金とかが凄かったらしいですけど、新倉さんのようにフリーで自分から行くと、そうでもなかったらしいですね？

新倉　たいしたことないね。あとで仲野の信ちゃんに聞いたら、「もう少しいただけませんか？」って言うと、田中社長は上げてくれたらしいんだよね。それを先に聞いておけばもっともらえてたんだろうけど。俺も正直だから「あっ、いいっスよ。こんなもんで」って言っちゃったんで。

椎名　じゃあ、同じＳＷＳ内でもかなり格差はあるんですね。

新倉　俺の大嫌いなブッカーのＫなんて〇千万ですよ。

玉袋　すげえ！　っていうか、なんで新倉さんはその額を知ってるんですか？（笑）。

新倉　俺の知り合いでメガネスーパーに出入りしていた証券会社の人がいたんですけど、その人は田中社長と仲がよくて全部教えてくれたんですよ。田中社長が「〇〇選手の契約金はこれくらいでいいかな？」ってその人に相談してたらしいから。

椎名　で、それが新倉さんに筒抜けになっていたと（笑）。

新倉　だから俺はほとんど知ってるよ。藤原組なんかも、船木（誠勝）や鈴木（みのる）なんて当時は若造だったのに、いい額もらってましたよ。

ガンツ　田中社長はＵＷＦ系がお気に入りだったみたいですからね。

新倉　ＵＷＦ系にかぎらず、みんないいお金もらってましたけどね。だって田中社長に小田原まで挨拶に行くと、いくらくれると思います？「これ持っていきなさい」って、30万くれるんですよ。

玉袋　うわー、それはうれしいよ。

新倉　天龍さんクラスになると毎回50万。俺らだって30万くらいはもらえたからね。

玉袋　「こだま」に乗って通いたくなるね（笑）。

ガンツ　それでＳＷＳは試合の勝者に賞金まで出してたんですよね。天龍さんが「これはもらっちゃいけないカネだ」って言ってましたけど。

玉袋　だから結局ＳＷＳは、ごっつぁん体質のリミッターが壊れちゃってる人たちが「これでいいんだ」ってメガネスーパーから少しでも多くお金を引き出そうとしたのが、潰れた原因なんじゃないかと思うんだよね。やっぱりストロング小林イズムで「こんなにもらえないのでお返しします」みたいな人がいなかったんじゃないかな。

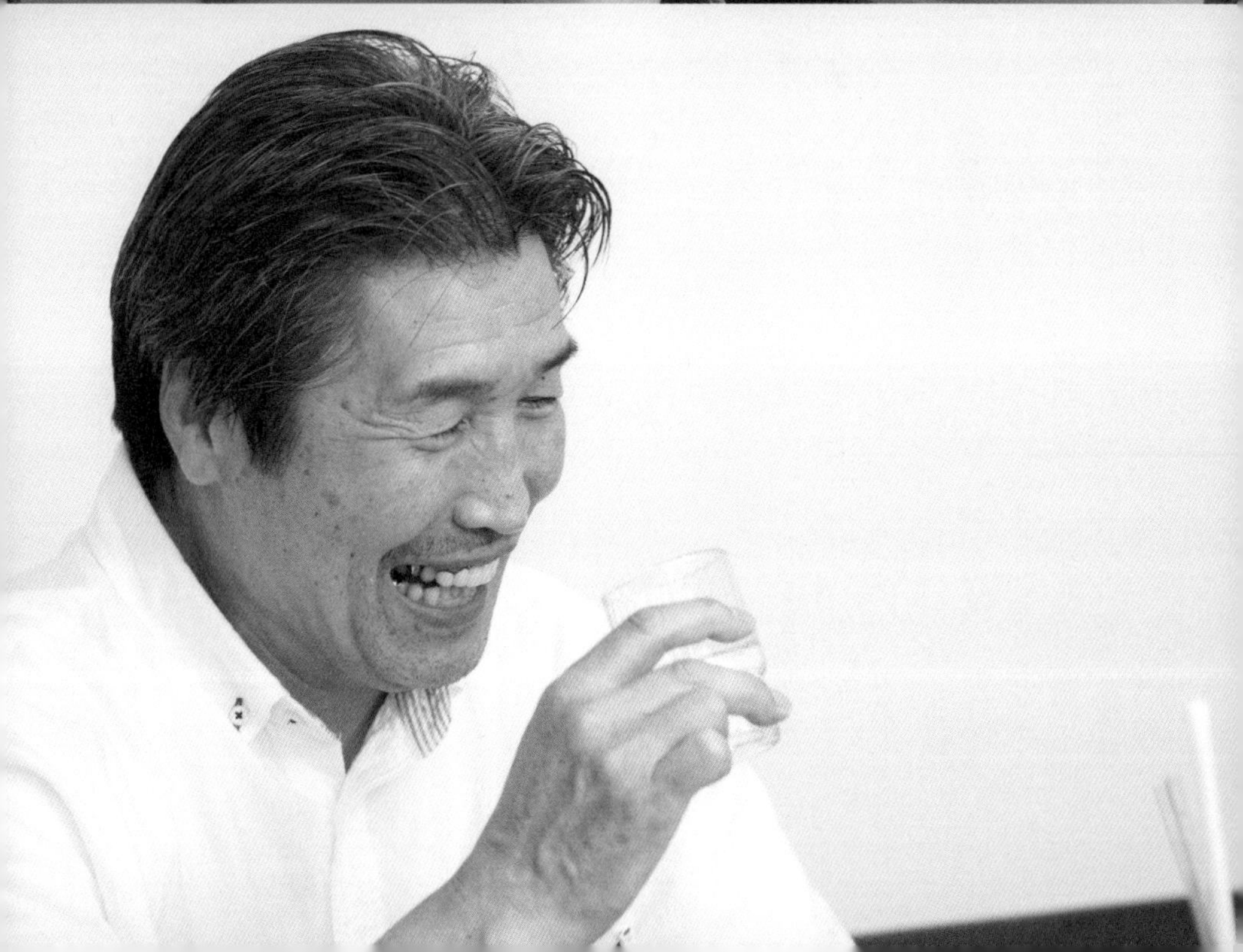

新倉　でも北原（光騎）で有名な話があって。天龍さんが北原のギャラを聞いて「社長、北原にそんなに払わないでください」って止めたっていうことがあったんですよ。まだ若手でしたからね。

ガンツ　船木さんと鈴木さんも、藤原さんが抑えてあの額だったらしいですよ。同じように「社長、そんなにあげたらアイツつらおかしくなります」って言って。

新倉　船木、鈴木は相当もらってると思いますけど、やっぱ藤原さんが抑えてたんだ。

ガンツ　ええ。あまりにも多すぎるってことで。

新倉　だって、あの当時の鈴木なんてまだ二十歳そこそこでしょ？

ガンツ　そうですね。まだデビュー3年目とかですから。

新倉　若手にそんなに払ったらダメですよね。

「この座談会も10年以上やってるけど、これほど石川敬志さんがフィーチャーされたのは初めてだな」（玉袋）

ガンツ　新倉さんはSWSで、レボリューション、パライストラ、道場・檄といった部屋に入らず、なぜフリーのままだったんですか？

新倉　あれはもう飽和状態だったんですよ。それでどこか所属するよりもフリーのほうがいいだろうって。田中社長も「新倉くんはフリーでやってください」って言ってたしね。社長はもともと俺の存在をまったく知らなかったみたいなんだけど、横浜アリーナの旗揚げ戦とその前に福井であったプレ旗揚げ戦で俺の試合を観て、凄く気に入ってくれたんですよ。だからボクが引退したときに、田中社長から「私の秘書をやらないか？」って直々に電話をくれたんですよ。

椎名　秘書ですか？

新倉　年俸まで提示してくれて、サラリーマンなのに4桁ですよ。それで弁護士さんや証券会社の人たちからも「新倉くん、キミくらいなもんだよ。田中社長から『秘書になってくれ』って言われたレスラーは。ほかにはいないよ。キミのことを相当買ってたよ」って言われましたよ。ただ、小田原には住めないでしょ？（笑）。

椎名　えっ、どうしてですか!?　いいところじゃないですか。

玉袋　かまぼこ食ってさ（笑）。

新倉　だって朝9時に「おはようございます！」って社長の白宅に呼びに行ってさ、それで仕事が終わったら小田原に借りたマンションに帰る生活だよ。「小田原に行かなきゃいけないんですか？」って社長に聞いたら「うん。小田原に来てもらう」って。せめて横浜とかだったらいいんだけど。「私っていう人間を知ってほしいんだよね」って言われて、年俸4桁だけど「小田原はな〜」って（笑）。

椎名　でも小田原は嫌だったと（笑）。

新倉　大変申し訳なかったんですけどね。社長が「キミと最初に話したとき、『考えさせてください』って言われた時点で私はなんとなくわかってたよ」って言われて。

玉袋　せっかく〝お眼鏡〟にかなったのにね（笑）。

新倉　うまいですね（笑）。

ガンツ　レスラーにはガッカリさせられることが多かったからこそ、常識人である新倉さんのことが気に入ったんでしょうね。

新倉　俺は後頭部が見えるくらい頭を下げて挨拶してたからね（笑）。みんなは「うぃっす！」って感じじゃないですか。

椎名　オーナー社長に対してそんな感じなんですか（笑）。

玉袋　ダメだな〜（笑）。

新倉　ボクは社会に出てましたからね。遠征先のホテルで朝、社長と会っても「社長、おはようございます！」って後頭部が見えるくらい頭を下げてたんで。それで社長の奥さんが気に入ってくれたんですよ。「あんなに丁寧に朝の挨拶をしてくれているレスラーはいない」って。べつに自慢してるわけじゃないけど（笑）。

玉袋　SWSの最後の頃は、内部はめちゃくちゃだったんですか？

新倉　最後の試合のほうはなんか変でしたね。新日本系と全日本系で試合やるとケンカになっちゃうから、もう組まなかったですから。

ガンツ　部屋別対抗戦をやるために部屋制度を導入したのに、最後はレボリューションはレボリューション同士、あとはそれ以外の選手同士のカードしか組まれなかったという。

新倉　ちょうど全日派、新日派みたいに分かれていたから、もともと全日本だった桜田さんはどっちなんだろうと思ったんだけど、どっちかと言えば新日側だったんですよね。

ガンツ　桜田さんは、のちにWARの反対側であるNOWという団体を立ち上げましたしね。

新倉　あの人がいるのは心強かったですよ。やっぱり腕っ節が強いしね。でも俺が全日本系で「この人は根性があって強いな」と思ったのは石川（敬志）さんですね。

玉袋　お〜、ここで石川敬志って名前が出てきたよ！

新倉　あの人は試合していても、もう当たりが違う。腕を取っただけでだいたい強さってわかるんですよ。あとは転ばせたときの体圧とか。それによってちゃんとトレーニングしてる人間かどうかわかるんですけど、石川さんとやったときは「これは無理だ。かなわない」って思いましたから。

玉袋　この座談会はもう10年以上やってるけど、これほど石川さんがフィーチャーされたのは初めてだな（笑）。

椎名　ここに来て、石川敬志最強説が（笑）。

新倉　ジャパンプロレス時代、栗栖さんは全日本の選手とやるときに頭突きとかモロに入れたりしてたんですよ。でも石川さんはそれを堂々と受けて、逆に石川さんがボーンとぶちかましをやったら栗栖さんがノビてましたからね。それ以降、栗栖さんはいっさい石川さんにはそういう攻撃を入れてない。石川さんは身体も頑丈でしたから。

玉袋　やっぱり元関取は違うんだな。

ガンツ　これは天龍さんに聞いたんですけど、九州で天龍vsジョージ高野が組まれたとき、試合前にドン荒川さんが来て「どうすんの？　今日はガチンコでやるの？　こっちはやってもいいよ」って挑発してきたらしいんですよ。それで天龍さんが「なにコイツ、バカなこと言ってるんだ」って控室に戻ってきて、石川さんに話したら「みんなでガチンコやって、わからせてやりましょうよ！」って、石川さんがひとり燃えてたって（笑）。

新倉　あの人は相当強いですよ。

玉袋　石川さんもこの座談会に出てもらわなきゃいけねえな（笑）。

新倉　あと、強いと思ったのはやっぱり桜田さんだね。グラウンドとかやってもかなわなかったね。肉体的な強さがあるんですよ。バーベルを持つ力とかそういうのじゃなくて、ナチュラルにケンカが強いっていう。それは石川さんと桜田さんが強かったですね。

ガンツ　あとはキング・ハクですかね？

新倉　あー、ハクさんはヤバイって桜田さんも言ってましたね（笑）。

ガンツ　桜田さんも言うくらい（笑）。

新倉　なんかケンカして、自動販売機を持ち上げてぶん投げたって有名な話があるよね。

椎名　アベンジャーズみたい（笑）。

玉袋　キング・ハクは、若いうちに相撲からプロレスに入ったもんね。部屋の後継問題で廃業しちゃって。

ガンツ　石川敬志、ケンドー・ナガサキ、キング・ハクと全員相撲出身ですね。

玉袋　やっぱり、戦闘竜が言ってた「相撲は強いんだヨ！」っていうのは本当だったんだな～。

「小鉄さんが亡くなったとき、俺と前田さんで最初に家に行ったんです。前田さんのことをいちばんかわいがってました」（新倉）

新倉　それでSWSが揉めたっていうのはね、違う部屋同士仲が悪いからさ、やっぱり取組で揉めちゃうんですよ。みんな負けたくないからさ。

ガンツ アポロ菅原vs鈴木みのるが不穏試合になってしまったのも、それが原因だったんですよね。

新倉 あれも、お互い合わせてやったらよかったんですよ。菅原さんも学生時代にアマレスをやってチャンピオンになって、鈴木も関東でチャンピオン、全国2位かなんかでしょ？　アマレス同士で合わせてやったらいいのに、頑として付き合う気がなかったんだよね。鈴木が「ボクはこういうスタイルしかできないです」って言ったら、菅原さんがあんなふうにしちゃってさ。だからあれは菅原さんが悪いよ。もし、俺が鈴木の対戦相手だったら、鈴木に合うような試合をしてますね。

ガンツ こないだ菅原さんにインタビューをしたら、「俺は前座レスラーかもしれないけど、弱いとはかぎらないぞ」って言ってたんですよ（笑）。

新倉 現役が終わってからはなんでも言えますからね（笑）。菅原さんもベテランなんだから若手に付き合ってあげなきゃ。でもあんまり菅原さんのこと言うと、本人が読むかもしれないからやめておこう。

ガンツ いや、菅原さんは何かでやった新倉さんのインタビューを読んだらしくて、「新倉がなんか、俺のことを『弱い』って言ってるみたいだな」って言ってたんですよ（笑）。

新倉 いや、それは「弱い」じゃなくて「強くない」って言ったんですよ（笑）。

ガンツ 微妙に違う（笑）。

玉袋 いまのは新倉さんに一本だよ（笑）。

椎名 トンチが利いてましたね（笑）。

新倉 でも菅原さんがそんなこと言ってたんだ？

ガンツ なんか奥さんがそのインタビューを見せたらしいですよ。「新倉さんがこんなこと言ってるよ」って。

新倉 だから、あんまり他人のことを言うとマズいんですよ（笑）。

ガンツ だけど菅原さんはインタビューでバンバン強気なことを言ってましたけどね。「俺は新倉に言ってやったんだ。『あんな船木みたいな若造に負けていいのか！』って」とか。

新倉 えっ!?　そんなこと全然言われてないよ。

玉袋 ガンツ！　おまえ、薪をくべるんじゃないよ！（笑）。

ガンツ あとは「俺と新倉のふたりで北尾を担いで軍団にしたらよかったのに」っていう話をずっとしてましたね。

新倉 あー、横綱はやっぱり強かったですからね。力が異様に強かった。

ガンツ 「横綱は天龍さんの下でやらせるんじゃなくて、天龍さんの敵としてやって、俺たちが脇を固めたらよかったのに」って。

玉袋　聞かせてやりたいよ、天国の北尾さんに。
ガンツ　でも実際にそっちのほうがよかったですよね。
新倉　なるほどね。いやー、当時は全然そんなこと考えてなかったな。俺は菅原さんとタッグを組むより、佐野とか仲野信ちゃんとタッグを組んだほうがやりやすかったよ。
椎名　やたら出番が多くなる（笑）。
新倉　佐野とか仲野信ちゃんとタッグを組んだほうがやりやすかったよ。
ガンツ　やっぱり、そのへんは新日本出身と国際出身に隔たりがあるんですかね。
新倉　ちょっと言葉にできないことなんだけど。また奥さんがこの雑誌を菅原さんに見せるといけないから、うまく書いといて（笑）。
ガンツ　わかりました。うまいことまとめます（笑）。
玉袋　じゃあ、新倉さんの現役引退後の人生なんですけど、お店をやられてたんですよね？
新倉　青学近くの渋谷2丁目で10何年やって、3～4年前に閉めたんですよ。堀江くんもよく来てくれましたよね。
ガンツ　料理が本当においしかったんで、ちょくちょく行かせてもらいました。
新倉　料理に関しては、横浜で有名な懐石料理店をやってる俺の後輩がいたんで、ウチの店の店長になる人間をそこに修行に行かせて、それからオープンしたんですよ。だから、みなさん「おいしい」って言ってくれましたし、設備投資だって高級マンションが買えるくらいはかかったからね。
玉袋　そうですよね。渋谷の一等地で。
新倉　従業員も5人くらいいましたし。
玉袋　ボクもいまスナックをやっていますけど、そういうお店を10年以上やってるっていうのは、経営者として凄いと思いますよ。
新倉　お店には、馳とか（佐々木）健介もよく来てくれてたし。坂口さん、長州さん、前田さんもね。残念だったのは猪木さんに一度来てほしかったなっていう。でも山本小鉄さんはよく通ってくれてたんで。だから小鉄さんが亡くなったときに俺と前田さんで最初に家に行ったからね。
玉袋　そうだったんですか。
新倉　小鉄さんは軽井沢に行ってるときにお亡くなりになったんですけど、赤坂の家は階段が狭くて棺が入らなかったんですよ。それで娘さんがいる横浜の家に運んで。それがなぜわかったかというと、前田さんから電話が来たとき、「前田さんが小鉄さんの携帯に電話をしたら、誰かが出てくれますよ」って俺が言ったら、前田さんはその言葉を信じて電話したんです。そうしたら娘さんが電話に出てくれて、「いまはウチにいます」って言われてわかったんです。それで横浜に向かったんですけど、

俺と前田さんで最初に行けてよかったなと思って。小鉄さんはボクのお店にもよく来てくれてたし、前田さんのことをいちばんかわいがってましたからね。前田さんが弔事を読んだくらいだから。

玉袋　いやー、新倉さん。今日は素晴らしいサービスをしていただいて本当にありがとうございます。ジャパンプロレス、SWSから、最後は山本小鉄さんのお話までしていただいて。

ガンツ　前編・後編と2回やらせていただいてよかったですね（笑）。

新倉　ちょっとしゃべりすぎたな（笑）。

ガンツ　素晴らしい獲れ高になりました（笑）。

新倉　あんまりヤバいことは載せないでよ！（笑）。

自己投影観戦記 できれば強くなりたかった

第103回 コブラ会

椎名基樹

椎名基樹（しいな・もとき）1968年4月11日生まれ。放送作家。コラムニスト。

1984年の映画『ベスト・キッド』のその後を描いたドラマシリーズ『コブラ会』が、Netflixで配信されている。このドラマは2018年から2019年にかけてYouTubeプレミアムで独占配信された2シーズン20話の作品である。それが8月よりふたたびNetflixで配信されることになった。今後、Netflixで第3シーズンの制作も決定している。

このドラマの原題は『COBRA KAI』。「会」という日本語のニュアンスがどれほど外国人に伝わっているのだろう？なんにしてもベストキッドの認知度と根強い人気を、このローマ字表記の日本語を含むタイトルが物語っている。

ベストキッドは80年代にパート3まで制作されており、マーシャルアーツ版の『ロッキー』と言っていいほどの人気を誇った。熱狂的なファンも多い。現在52歳の私より10歳ほど下の世代には特に多いのではないだろうか。本誌読者の中にもそういう人がけっこういると思う。

70年代から始まるロッキーシリーズと比べて、ベストキッドは80年代の装いが際立つ。明るく軽妙で、オタク的な魅力も持っている。現在エンタメで欠かせない要素となっている、オタク的センスは80年代に端を発している。

『コブラ会』は一作目の『ベスト・キッド』から34年後を描いている。空手大会の決勝で、主役のダニエル・ラルーソに敗れる敵役のジョニー・ローレンスが今回は主役を務めている。驚くことにそれぞれを演じた俳優ラルフ・マッチオとウィリアム・ザブカが同じ役柄をそのまま演じている。

34年間プロの俳優を続けてきたことにも敬服するし、34年後にふたたび同じ役を演じることができる幸運をうらやましく思う。職種も仕事のスケールもまったく違うが、同じ身ひとつでメシを食う者として、彼らが感じる喜びの大きさを想像してしまう。これほどダイナミックに「仕事が回った」ら、芸人冥利に尽きるってもんだ。

34年後、敵役・ジョニーは落ちぶれて酒に溺れている。一方、主役のダニエルはカーディーラーとして大成功している。お金持ちの息子でなんでも買い与えられていたジョニーと、貧しい母子家庭で育ったダニエルの立場は逆転している。

ある日、不良グループに暴行されてい

た南米からの移民である高校生のミゲルを助け、彼に空手を教えてほしいと請われ、ジョニーは空手道場・コブラ会を再興する。助けられたとき、ミゲルはジョニーの空手を見て言う「テコンドー？　柔術？」。ジョニーは答える「クラシックな空手だ」。

34年の間に空手が衰退したことがほのめかされる。現在の街道場で隆盛を誇っているのは世界的にブラジリアン柔術だろう。そして、その状況はたぶんほとんど未来永劫変わらないと私は思う。それほどブラジリアン柔術は護身術として、社会体育としてアマチュア競技として抜きん出て優れている。しかし、柔術で映像エンターテインメント作品を作るのはむずかしい。やはり打撃系格闘技には華がある。

『コブラ会』では、ミゲルらいじめられっ子が空手を習得して強くなり、いじめっ子たちと立場を逆転していく。そのプロットは格闘技ドラマの醍醐味をもっとも味わうことができる。

弱い者が格闘技によって強くなるというストーリーを観て、私は昨年QUINTET初の女子大会に出場し人気が爆発した、アメリカのTEAM 10th Planetのグレース・ガンドラムを思い出してしまった。152センチ46キロの16歳の黒帯柔術家。東洋系のその顔はあどけないを通り越して本当の少女だ。普段のメガネをかけた姿を見て強いと思う人はひとりもいないだろう。しかし、一度マットの上に立つと彼女から一種の妖気が立ち上がる。こうした選手を生み出すところを見ても、ブラジリアン柔術の持つ、闘いのリアリティーを証明しているように思えてしまう。

『コブラ会』は80年代映画のテイストを存分に持っている。Netflixでは『ストレンジャー・シングス』や以前このコラムで紹介した『GLOW』のように80年代テイストを前面に押し出した作品が多い。その中でも『コブラ会』はストーリーや演出が80年代映画をもっとも彷彿とさせる。思わず「漫画だよ！」とツッコミたくなる部分もあるが、だからこそ理屈を超えた軽妙な魅力を持っている。

話は違うが、『コブラ会』と聞いて私は思わず三島☆ド根性ノ助を思い浮かべた。日本の総合格闘技が華やかなりし頃のスター選手だ。彼のデビュー戦は、桜田直樹（GUTSMAN・修斗道場館長）が主催した修斗の小さな大会だった。桜田さんがデビューにあたり、三島に所属先を訊いたところ「“総合格闘技コブラ会”にしてくださいと言うんだよ」とうれしそうな苦笑を浮かべながら話していたことを思い出す。三島も『ベスト・キッド』のファンだったに違いない。

三島は仲間内の格闘技サークルで練習を積み強くなったのだろう。総合格闘技がまだ手作りだった頃。その中からスターが生まれ、三島☆ド根性ノ助のようにPRIDEやUFCにまで上り詰める選手を見る、私たちファンの興奮。懐かしい映画のリバイバル作品を観たら、さらに懐かしい、私が総合格闘技に夢中になっていた時代のことを思い出した。

SELF PROJECTION WATCHING

SELF PROJECTION WATCHING

TARZAN by TARZAN

ターザン バイ ターザン

TARZAN YAMAMOTO

INTERVIEW SERIALIZATION

はたして定義王・ターザン山本！は、ターザン山本！を定義することができるのか？「WARの武井さんが『天龍のことを“カネで動いた”って言ったくせに、あなたはカネで俺たちのことを買収するのか！』ってキレちゃったんですよ。俺は世紀の大失策をしてしまった。それで俺の命運が決定的に尽きたんよ」

VOL.015

絵　五木田智央　聞き手　井上崇宏

第十五章

夢の懸け橋PART.3

「俺はピーンとひらめいたんよ。『4月2日の後楽園ホール、どっか押さえてるな。WARだったらいちばんマズイぞ……』と」

――前回は〝キラー馬場〟の途中で終わってしまいましたが。では、『夢の懸け橋』の当日、東京ドームで全日本のギャラ3000万をキャッシュで渡したんですか。

山本　そうですよぉ。それで全日本は『チャンピオン・カーニバル』の真っ最中だったんだけど、ちょうど休みの日だったから『夢の懸け橋』に出ることができたんよね。だけど「福井から米原、米原から東京までの新幹線チケットを用意しろ」ときたわけですよ。しかも「グリーン車を用意しろ」と言うんだけど、在来線だからグリーン車はないんですよぉ。総勢10何人で来てさ、それでも莫大な経費ですよ。そして次の試合の大分までの飛行機代も全部出せと。1から10までカネ、カネ、カネ（笑）。

――ギャラを1000万アップしてプラスそれだと、精神的にも削られますね（笑）。

山本　それで馬場さんは俺に言うんですよ。「おまえな、ウチはプロレス団体なのに東京ドームでまだやってないんだぞ。それを先に雑誌社がドームでやること自体、俺は反対なんだ」と。結局、馬場さんは最初からよく思ってないわけですよ。「だから俺はすんなり協力できなかったんだ」と、そうやってまた追い打ちのいちゃもんをつけてくるわけですよ（笑）。だから馬場さんにはいちばん手こずったんよね。ジャイアント馬場の素顔というか、別の面、一流の駆け引き、プロレスラーとしてのプライド、あそこで全部モロに出たね。

――立場を変えて向き合ってみたら、「馬場さんってこうなのか⁉」っていう。

山本　「こういう側面があるのか⁉」っていう形で、逆に俺は馬場さんのことを評価したというか、認めたというか、凄いな、さすがだな、やっぱりリアルだな、社長だなと。そういうことを思い知ったね。

――いざビジネスとなったら、なあなあの関係ではやらないんですね。

山本　そうそう。ビジネスになったら途端にシビアになるということがわかって、気持ちよかったよ。

――話を戻しますけど、山本さんは社長室に呼び出されて「プロレスで東京ドーム大会をやるぞ」と言われたときに、終わりの始まりを感じたわけじゃないですか。

山本　俺が『週刊プロレス』編集長としてブレイクした8年間があったけど、すべての物語には始まりがあれば終わりがあると。そして、これは終わりのための花道だなと。つまり「俺の没落への花道、転落への花道がスタートしたな」という認識が完璧に俺のなかであったよね。これは本音の部分として。

――ターザン・ファイナル・カウントダウンが始まった（笑）。

山本　始まったんよ！（笑）。それで1月17日に阪神大震災が起きたでしょ。そして3月には地下鉄サリン事件が起こったでしょ。だから春になるのに世の中が絶望的な空気感にあったわけですよ。それで『夢の懸け橋』は4月2日ですもん。サリン事件が起きた直後だから警戒態勢が凄かったし、もし東京ドームでテロを仕掛けられたら、爆発物でも仕掛けられたら困るということで、本当に興行をやるかどうかという、話はそういうところまでいったんですよ。そしてもうひとつ、大きな落とし穴があったんよ。これもホントに皮肉なものというか、運命のいたずらというかさぁ。俺はピーンとひらめいたんよ。「4月2日の後楽園ホール、どっか押さえてるな……」と。

――あっ、山本さんが最初に気づいたんですね（笑）。

山本　パッと気づいて、「ちょっと待てよ？　日曜日だから絶対にどっか押さえてるよな。これはヤバイ。絶対にWARじゃないように……。WARだったらいちばんマズイぞ」と俺は思って、後楽園に問い合わせたら、WARだったんよ！「あ～、こういう運命にあるのか……」と。

――ビンゴで。そもそもWARには『夢の懸け橋』出場の打診すらもしていなかったんですか？

山本　そのときに向き合う相手が天龍だったらよかったんだろうけど、社長の武井（正智）さんだからさ。俺もそこで一種の権力志向に走っているわけですよ。「とにかくドームをやらなきゃいけないんだ」っていう。そこで俺はどういう形に出たかというと、いろいろ手はあったんですよ。「WARさん、後楽園ホールでやってもいいですよ。でも東京ドームにも出てくれませんか？」とかそういう手もあったんですよ。要するにダブルヘッダーで出てもらうっていうね。だけど、もうめんどくさいからさ、武井さんに「後楽園ホールで売り上げ見込みをこちらで払いますので、興行を中止にしてください」と言ったわけですよ。

――げっ！

山本　そうしたら武井さんが、「SWSのときに天龍のことを〝カネで動いた〟って言ったくせに、あなたはカネで俺たちのことを買収するのか！」って急にキレちゃって。

――それ、直で言われたんですか？

山本　ハッキリと電話で言われた……。

――アハハハハ！　世紀の正論ですよ、それは！（笑）。

山本　それを言われたときに俺は「しまったあ！」と思ったんよ。世紀の大失策をしてしまったなと（笑）。それで俺の命運が決定的に尽きたんよ。

――ファイナル・カウントダウンがさらに加速した（笑）。

山本　いちばんのショックはそこですよ！　向こうにしてみたら、最高のいいツッコミになったわけですよ！

――武井社長、会心のツッコミですよ。

山本　天龍が俺にやられたことをやり返す絶好のチャンスを与えてしまったんだよね。もしこれが天龍さんが社長だったらさ、「出てくれませんか？」って言ったら「出るよ」ってなるんだけど、武井さんは非常に性格的にねちっこいところがあったからさ。

「俺は俺自身に『おまえ、終わったな……』と問いかけたよね。自らの堕落と腐敗を思い知ったんよね」

――天龍さんが「出るよ」って言いましたかね。

山本　（聞かずに）とにかく武井さんは「ターザン山本はこういう人間だった！」っていうことを世間に知らしめたいっていうことで、その機に乗じて燃えまくったわけですよ。それでさ、さらに俺はまた深夜に電話をして「いや、もし出なかったらね、こっちはメジャーなんだからマイナーなところへ追い込んじゃいますよ？」って言ったんよ。

――嘘でしょ!?

山本　俺は『マイナーパワー』を標榜しているのに、そこでまた変なことを言ってしまったわけですよ！

――どうしてまた、そんな変なことを言っちゃったんですか？

山本　えっ？

――「えっ？」じゃなくて。なんでそんなことを言ったんですか？

山本　いや、知らんけど、俺ももう舞い上がってるから。

――舞い上がってるから（笑）。

山本　「こっちのメジャーなところに出ないと、おたくはマイナーになりますよ」と言ったんだけど、俺はもともとマイナーであるということがいちばんのアイデンティティなわけですよ。ところが俺は知らない間にメジャーになってるわけですよ！

――さすがファイナル・カウントダウンだ。

山本　それで武井さんがまた二重に怒ったわけですよ！　怒りが爆発したわけですよ！「ターザン山本がこんなことを言った！」っていうことで、俺を潰すための口実をふたつ与えてしまったんですよ。

――要するにいつの間にか神社長化しちゃっていたわけですね。「チケット持ってますか?」みたいな。

山本 そうそう! そうなっていたわけですよぉぉ! これはもう傑作ですよ! 俺はそのときに「ああ、とんでもないミステイクをしてしまったな……」と思ってさ。

――「俺、変わっちゃったな……」(笑)。

山本 あまりにもターザン山本のイメージがマット界で巨大化して、それに俺自身も乗っちゃったのか、舞い上がっちゃったのか、天狗になったのかわからないけど、俺は『マイナーパワー』こそがいちばん素晴らしいんだよということで週プロを作っていたわけですよ。

――『週刊ファイト』イズムの「真の活字プロレスは辺境から生まれる」っていう。

山本 そうそう。そう言って、中心を撃つ、シュートするという形で東スポやゴングを撃ってきたわけですよ。それがいつの間にか自分がメジャーになっていたわけですよ。「これはまずいことになったな」と。

――アイデンティティの崩壊。

山本 そうそう。大矛盾というか。

――本当は真ん中に立っちゃダメなのに。

山本 だけど、知らず知らずにそうなってしまったわけですよ……。

――知らず知らずのうちに「おたく、マイナーになっちゃうよ」って脅し文句を吐くまでになった(笑)。

山本 武井さんはその一言でさらにカチンときて、「もう絶対に参戦しない!」と。武井さんに反抗する機会を与えてしまったわけですよ。あれは俺がいままで発言した中でも最大の誤算だったね。だからあの時点でも、俺は俺自身に「おまえ、終わったな……」と問いかけたよね。「これはもう、ここにいちゃいけない」と。その武井さんとのやりとりで、自らの堕落と腐敗を思い知ったんよね。そして馬場さんとのやりとりの中でも意地悪な目に遭った。このふたつが俺の中で精神的なダメージとなったというか、その後遺症がいまでも残ってるよ。だから4・2『夢の懸け橋』っていうと、俺は武井さん、ジャイアント馬場っていうふたりの顔をすぐに思い出すもんね。

――苦い思い出だと。

山本 それで実際に当時、俺はいろんな団体のリングに上がったりする機会があったでしょ。俺がリングに上がった途端にプロレスファンのスイッチが入ってしまって、瞬間的に、条件反射的に、パブロフの犬的に、俺はファンからブーイングを受けてたんですよ。要するに俺がメジャーになったことをプロレスファンは良しとしなかった。「おまえはマイナーだったんだぞ！何を勘違いしてやがるんだ！」っていう形で俺は否定されていた、嫌われていたんよ。だからあのブーイングには意味があったわけですよ。

――たしかにそうですね。

山本　そのことを自分で自覚するでしょ。それでヒールっていうのはさ、嫌われることで喜びを感じるわけでしょ。ヒールがいないとプロレスが成立しないわけだから。で、そこで俺はまたヒールになったことに舞い上がってるわけですよ！（笑）。

――メジャーなヒールになれた喜び（笑）。

山本　「俺はヒールだー！」ってね。だから俺はもう、何もかもがさ、ボタンのかけ違いになっていくわけですよ。ズレまくっていくわけですよ。

――はあ～。これは凄絶な告白ですね。

山本　だからハッキリ言って、懺悔と敗北でしかないわけよ。それで結局、一度も記者会見もやらなかったから、ほかのプロレスマスコミとか一般マスコミはやって来ない、無視されるってていうのもわかってたしさ。

――歴史から抹殺されると。

山本　そこには「なんで記者会見をやらなかったんだ！」っていうゴングの主張もあるわけですよ。「記者会見をやったらウチは誌面に載せてますよ」と。そのへんのやりとりが凄く微妙だったよね。でも、それでもし記者会見をやって、誰も来なかったらウチの社長に恥をかかせてたもんなあ。だからここは独自の誌面で誰にも頼らずにやるしかないと。そうやってどんどん追い詰められたわけよ。

「長州がよく『おまえがやってるのは二階にハシゴをかけて外してることだ』と言ってたけど、『いや、それはあんたじゃないか!?』と」

――ターザン山本の終わりの始まりについて、もうひとつの説としては、山本さんは週プロ編集長時代から『紙のプロレス』にも出るようになったじゃないですか？　あれは読んでいて凄くおもしろかったんですけど、あそこで紙プロがターザン山本に思いっきりスポットを当てたのは、ちょっとミスリードだったような気もするんですよね。それは紙プロが悪いというよりは、山本さんが調子づくきっかけを作ったというか（笑）。

山本　いや、俺としてはね、あの頃は週プロにメディアとしての限界を感じていたわけよ。「つまんねえな」と。週プロがプロレスの一般報道をしていたんですよ。そこで紙プロはちょっと横に外れて自由にやっていたでしょ。

――紙プロがマイナーパワーで刺してきたってことですよね。

山本　その一方で週プロには自由がまったくないと。なぜかというとあくまで〝業界〟だから。週プロは業界内での展開でしかなかったわけですよ。でも本来、俺は業界外のほうに魅力を感じていたから、週プロと紙プロで二股をかけて楽しくやっていたわけですよ。

――それもわかりますよ。ガス抜きというか。

山本　そんな気持ちがあったわけ。だから紙プロに出たがっていたわけですよ。発行人の柳澤（忠之）さんに接触してさ、『猪木とは何か？』とかに出るわけですよ。さらに俺が表紙にもなって、歌い手のあれはなんだっけ？

――山下達郎さんの顔だけ山本さんにすげ替えたやつですね。「RIDE ON TARZAN」（笑）。

山本　そうなると業界内のファンの人たちはイレギュラーを感じるでしょ。

――コアな昭和ファンたちの心は掴みましたけど、平成新日本とかが好きそうな普通の感覚をお持ちの人々からはあまり好かれない感じですよね。

山本　そりゃそうですよ。業界内でやっていれば同じ舞台になるんだけど、業界外でやってると〝あっちの人〟になってしまうから、そこでまた否定されるんだよね。だからもう、俺にとっては何もかもがネガティブなほうへと進んでいくわけですよ。

――自滅というやつですね。

山本　あまりにもターザン山本の幻想が巨大化してしまって、俺自身がそれに乗ってしまって舞い上がっているわけですよ。

――自分を見失ったわけですね。

山本　完全に見失った！　そこでまったく冷静になることができなかった。自分でコントロールできなくなっているから、ずっとアクセルを踏みっぱなしの状態よ。

――もともと運命論者でもありますもんね。「すべてはそうなるように決まっている」っていう。

山本　そうそう。「もう、あとはどうでもいいや！」って思うわけですよ。

――それが山本さんのいいところでもあり。

山本　それで結局、ドームの興行でどれだけ儲かったとか、売り上げとかっていうのは俺はまったく見ていないんですよ。見ようともしなかった。

――収支を知らない。

山本　「もう関係ない」と。会社が儲ければいいいし、事業部の手柄にしたらいいやと。そういう形で俺は売り上げからはパスして、あくまで増刊号で儲けたらいいというね。当時で30万部くらい刷ってたからボロ儲けじゃないですか。大会パンフレットも3～4万部刷って一部2000円で売ったでしょ。さらにドームに合わせて作った『日本プロレス全史』。

――ああ、定価1万円の。

山本　あれが会場で800冊売れたわけですよ。

――会場であんな分厚くて重い本が。はあ～、それだけで800万の売り上げだ。

山本　まあ、ドームが販売手数料で25パーセント取るけどね。それと大会記念のTシャツも作って売ったでしょ。だからベースボール・マガジンにとってはおいしいよね。それで週プロ本誌も売れるんだから。

――結局、観衆6万人っていう発表でしたけど。

山本　いや、そうなってるけど、東京ドームの図面を見たんよね。そうしたらね、椅子の数が3万6000席なんよ。「あれ？椅子が3万6000席なのにどうして巨人戦は5万人で発表してるんだ？　そうか、水増ししてるのか」と思ってね（笑）。プロレスみたいにグラウンドにお客を入れるイベントでも、4万6000人とか5万人くらいしかならないわけですよ。

――実際は東京ドームよりも後楽園球場のほうが席数は多かったとも聞きますしね。

山本　だからそこでわかったわけですよ。外野席は入れてなかったから、よくて3万5000人くらいですよ。

――両国国技館とかも4000人入ったら格好がつくって言いますもんね。しかし、天龍源一郎をカネで動かそうとしたって話は笑えますよね（笑）。

山本　ギャグだよ。それで結局、後楽園ホールのWARは、参戦したレスラーとマスコミ、武井さんと天龍さんが「打倒週プロ」じゃなくて「打倒ターザン山本」ということで結集して、マイナーパワーを大爆発させるんだよね！　そのときゴングの編集長だった小佐野（景浩）くんは命を懸けてたわけ。だから彼にも大きなモチベーションを与えてしまったっていうね。俺は小佐野くんを男にしてしまったわけですよぉ！（笑）。

――そして、そんなキル・ザ・ターザン山本チームになんと長州力が電撃参戦（笑）。

山本　俺、それにはね、「こんないいかげんなことが起こるのか!!」と思ったよ！

――「山本、それ（ドーム大会）はいいことだ。やれ！」と言った男が（笑）。

山本　長州がよく言ってたのはね、「山本、おまえがやってるのは、二階にハシゴをかけて外してることなんだぞ」と。俺からすれば「いや、それはあんたじゃないか!?」と。

――似た者同士だぞと（笑）。

山本　「二枚舌はあんたじゃないか!!」と俺は思ったもん。長州は寝返りの天才だもんな。発言も行動も何もかもが。凄いよね、あの人。それでメインに出た橋本（真也）が蝶野（正洋）に勝つんだけど、そのあと橋本もいい顔してＷＡＲの会場に行ってるんだよね。

「会長が『おまえ凄いことやったな。野球でもできないことをやったんだから、おまえを特別表彰しなきゃいけない』と言ってきて」

――２０００万もらっておいて、あなたたちはそんな動きをするのかっていう（笑）。

山本　レスラーというのは絶対に信用しちゃいけないと思ったね。

――山本さんも大概信用におけないですけどね。

山本　そういえば「戦後50年を問う」というキャッチをつけた大会ポスターを作ったらさ、ライターの須山（浩継）ちゃんから抗議を受けたんよ。「山本さん、戦後というのは日米安保と日韓関係がある。力道山も韓国だから、ここで日韓関係を示さなきゃいけないんですよ」と。それで「大木金太郎を呼ばないのはおかしい！」と。

――コピーに偽りありだと。

山本　その抗議には俺もビックリしてさ。ビックリしたんだけど、「それはいいアイデアだな！」と。

――うん、いいアイデアですね。

山本　「これはしめたもんだ！　須山ちゃんがＭＶＰだ！」と思ったんで、すぐに大木さんに連絡を取って「東京ドームに来てください！」と。それで大木金太郎が来たわけですよぉ。そうしたら戦後のイメージが浮かび上がってきて、車椅子に乗った大木さんがホロッと涙を流して、そこにルー・テーズも出てきて。「日米関係にはルー・テーズを呼ばなきゃいけない」と。

――アメリカといえばルー・テーズ（笑）。

山本　これで日米韓となって完成して、そこになぜか知らないけど、呼んでいないグレート小鹿とキム・ドクも来たんだよね（笑）。それで大木金太郎にはギャラ２００万、ルー・テーズにも２００万で。

――もう、みんながハッピーじゃないですか。

山本　そうしたらね、大木さんが帰るときに渡すはずのその２００万を用意していなかったんよ。それで大木さんから電話がかかってきて、「俺、２００万もらってないよ！」みたいな。俺はびっくりして、すぐに事業部の岩本さんに連絡をして「２００万払え！」って言ってさ、すぐに払わせたんよ。大変ですよ、興行っていうのは。いつ何が起こるかわからない。それとも1個の事件はさ、馬場さんと元子さんって自分たちの興行じゃないから俺は観に来ないと思ってたんよ。そしたらふたりで観に来てるんよ。

――また馬場さんの話（笑）。

山本　あれにも俺はびっくりしたね。「やっぱり馬場さんも人の子か」と思ってさ。

――馬場も人の子（笑）。

山本　現場で観たかったのか、さびしくなったのかわからんけど。建前としては「大木さんとルー・テーズに会いたい」って言ってたけど、会場に来てずーっと試合を観ているわけですよ。それで元子さんは「みちのくプロレスの試合がいちばん気に入った」と言ってたねえ。

――これが終わりの始まりの顛末ですかね。

山本　それで後日さ、俺は会社の会長室に呼ばれて行ったんよ。そうしたら会長が「おまえな、凄いことやったな。野球でもできないことをやったんだから、おまえを特別表彰しなきゃいけないな。でもウチにはそういう規定がないから、俺の気持ちとして受け取ってくれ」ということで大入り袋を出してきたんですよ。

――さすがに労われたわけですね。

山本　袋の中を見たら10万円だったんですよ。

――アハハハハ！「ふざけんなっ!!」っていう（笑）。

山本　そんなね、「会長から10万円もらいました」とか部下にも言えませんよ！　たった10万円ですよ!?　そこから部下に1万円ずつ配るとかそんな情けないことはできないので、俺は10万円もらったことを非公開にして、しゃらくさいからその週の競馬をやって全部負けたんよ。

――地産地消ですね。後楽園でもらったカネは後楽園で消費するっていう（笑）。

山本　全部後楽園で完結ですよ！（笑）。だって10万なんて、みんなに配りようがないですよ！　桁が違うだろって！

――そこで餃子の王将をおごられても、みんなも困るだろうし（笑）。

山本　普通ならあそこで100万円は出さなきゃダメだよな。

「北朝鮮行きを放棄して佐藤（正行）に行かせたということが、あのときいかに俺の気持ちが落ちていたか、テンションが下がっていたかというさ」

――それでも安いとは思いますけど。

山本　安いよ。そんなこともあって、すべてが終わったときに俺はもはやしらけきっていたよね。それで4月28日に猪木さん

が北朝鮮の平壌に行ったでしょ。

――『平和の祭典』ですね。

山本　それまでは中国遠征とかモスクワ遠征とかで俺が猪木さんを独占してたんよ。部下ではなくて俺が行ってたんですよ。当然、北朝鮮でもそうするつもりだったんよ。そうしたらね、実家から突然電話があったんよ。で、なんか親父が俺に会いたがってるとか、親父がもう危ないという情報を言ってきたんよね。そこで俺は「これはどう考えてもおかしいな」と。

――どういう意味ですか？

山本　いや、俺がずっと田舎に帰っていなかったから帰らせたいと。もしかしたら親父の身体が本当に悪かったのかもしれないけども、「策略的に俺を帰らせようとしてるのかもわからないな」となったんよ。

――はい？　それは北朝鮮に行かせたくなかったということですか？

山本　いや、親は北朝鮮に行くってことは知らないから。それで、そんな連絡が来たときにいままでの俺だったら「いやいや、ダメダメ。北朝鮮に行かなきゃいけないんだから。仕事だから無理だよ」って断ってるはずなのに、いろんなことがあったから俺は北朝鮮を捨てたんよ。

――『夢の懸け橋』の後遺症からか、北朝鮮ではなく岩国を取ったんですね。

山本　取った！　そこで没落の要因がすでにスタートしてるわけですよ。

――だって猪木さんが北朝鮮でプロレスなんて、いちばん行きたいじゃないですか（笑）。

山本　そうですよぉ！　村松（友視）さんも行くんだからさ。

――村松さんがいて、猪木vsリック・フレアーで、しかもモハメド・アリも来るっていう。それだけでポエムが100本書けますよね（笑）。

山本　だけど、なぜか知らないけど、俺は北朝鮮行きを放棄して佐藤（正行）に行かせてるんだもん。あのとき俺の気持ちがいかに落ちていたか、テンションが下がっていたかというね。そこで気分を変えて、「俺は平壌に行くんだ！」とはならなかったもんな。

――「じゃあ、たまには田舎に帰りまーす」となった。

山本　それで実家に帰ったわけだけど、そうしたらね、親父の体調がちょっと悪いは悪いんだけど、そんなに異常ってほどではないんですよ。だから「やっぱり騙された」と。罠にひっかかったと思って、そこでまた悔やんだわけですよ。それで東京に帰ろうと思ったら、なんと親父が突然、本当にひっくり返ったんよ。

――えっ!?

山本　バーっと上と下から血を吐いたんよ！　「なんだよこれ!?」ってなって、それですぐにバーンと国立病院にクルマで運んだんよ。そうしたらさ、どうなったと思う？

――どうなったんですか？

山本　俺たち家族みんなが医者に呼び出されて「今日もつかどうかわからないです」って言われたんよ。

――ええ〜っ？

山本　そう言われたもんだから、「えーっ！　なんだよこれ!?」みたいな。これは大変なことが起こったなと思ったんよ。ところがさ、親父の生命力が強くて生き返ったんよ。「なんだよこれ!?」と思ってさ。

――「なんだよこれ!?」ばっか（笑）。

山本　翌朝になったらすっかり回復したんよね（笑）。それで医者からも「もう大丈夫です」って言われたんだけど、まあ、そういう悪夢を見るような経験をしてしまったんよ。そこでも俺は「これは完全に俺の終わりがスタートしてしまったな」ということを認識してね。そして、これがUインターにつながるんだけどね。

――えっ、Uインターに？

山本　その年の10月の新日本との全面対抗戦につながるんですよぉ！

（つづく）

ターザン山本！
（たーざん・やまもと）
1946年4月26日生まれ、
山口県岩国市出身。
ライター。
元『週刊プロレス』編集長。
立命館大学を中退後、映写技師を経て新大阪新聞社に入社して『週刊ファイト』で記者を務める。その後、ベースボール・マガジン社に移籍。1987年に『週刊プロレス』の編集長に就任し、"活字プロレス""密航"などの流行語を生み、週プロを公称40万部という怪物メディアへと成長させた。

兵庫慎司のプロレスとはまったく関係なくはない話

第64回 「アレな人」の怖さについて

この『KAMINOGE』が出る頃には、だいぶ前の話になってすっかり風化しているだろうが、9月の7日〜10日頃、主にネット界隈をざわつかせた事件があった。俳優・ラジオパーソナリティの岡田眞善が、リアルタイムでツイートし、翌日自身のブログにまとめた、9月7日の体験である。

フジテレビ『直撃LIVE!グッディ』出演のため、局手配のタクシーに乗り込んだら、運転手がいつもと違う人だった。その運転手が「ちょっとどうかと思うほどナビを信じる」というタイプの、いわゆるアレな人で、まず、同じ名前の違う会社である「(株) フジテレビ」に行ってしまう。小田急小田原線の東北沢駅あたりにあります。私、よく前を通るので知っていました。

「あれ？　違いますね」とナビを入れ直して再スタートしたが、今度はなぜか池尻大橋から首都高に上がって東名高速方面へ走り始める。カーナビがまた違う「フジテレビ」を指示したようで、東名に入り、クルマは川崎へ、そして横浜町田へ……。

いくら「違います、戻ってください」と言っても「お台場、海のほうだから、横浜で合ってますよ」などと言って、聞き入れてくれない。ナビの画面を覗き込むと、なんと「目的地まで686キロ・到着時刻22時11分」という文字が！　なんとか高速を下りてUターンしてもらい、自分の出演時刻にはギリギリ間に合ったという。

東北沢駅近くの（株）フジテレビに着いちゃったくらいまでは笑えたが、それ以降はただただ怖かった、読んでいて。この運転手の会話の通じなさ、聞く耳を持たなさ、もう恐怖以外の何ものでもない。都会のホラー。岡田眞善は「ここまでくると、志村けんさんの、ひとみ婆さんが運転してる感覚に包まれる」と書いていたが、たしかにひとみ婆さん、日常生活にいたらホラーだ。

これに比べればはるかに軽いが、僕も一度、近い経験がある。世田谷区の瀬田に住んでいて、渋谷の会社に通っていた十数年前の頃だ。と書いて思い出したが、その同じ頃に、大日本印刷に校了紙を運んでもらうため、深夜に呼んだバイク便のライダーの中

兵庫慎司

（ひょうご・しんじ）1968年生まれ、広島出身、東京在住。音楽などのライター。雑誌は『週刊SPA！』や『月刊CREA』等、ウェブはSPICEやリアルサウンドで、書いたり、インタビューをしたりしています。DI:GA ONLINEの、観たライブすべてをレポしていく連載『とにかく観たやつ全部書く』は月2回ペースでアップ中、このご時世なので日々配信ライブを観て書いています。

年男が、アレな人だったこともあった。エレベーターホールで「おまえらは日本のロックを汚す悪党集団だ！　ひとつ、ミュージシャンの生き血をすすり——」などと、事前に練りに練ったであろう芝居がかった言葉を、もの凄い大声でわめき散らし始めたのだ。

ただ、このケースが前述のタクシー運転手と異なるのは、わめき始めた段階で、もうあきらかにアレな人であることが誰の目にもわかる点だ。ゆえに、そこまで怖くない。普通に仕事している普通の人の態度なのだが、やっていることがあきらかにアレ、というほうが、より困るし、より怖い。

話を戻す。深夜まで仕事して、帰りはタクシーに乗った日のこと。お爺さんの運転手に「世田谷区の瀬田までお願いします」と言うと、「はい、じゃあ246行って、三軒茶屋から世田谷通りですね」。国道246号線は、三軒茶屋で246と世田谷通りに分かれるのだが、瀬田は246をまっすぐ行って、環八との交差点の地名である。

「いや、瀬田なので、そのままこまっすぐ246に行ってください」「わかりました」と発車。ところが、南平台から道が地下に潜り、大橋で地上に出てきたあたりで「ええと、三軒茶屋から世田谷通りでしたよね」と言うのだ。「いや、だから、違います。瀬田は246と環八の交差点ですから、246に行ってください」「あ、そうですか」。で。三軒茶屋が近づき、道が246と世田谷通りに分岐する手前に差しかかると、運転手、「ここから世田谷通りですねー」と、右の車線に入って行くではないか。

「ちょっと！　違う！　言ったでしょ246って！　車線戻って、まっすぐ行って！」と、大きな声を出してしまった。渋谷を出てから5分も経たない間に、3回も「世田谷通りですね」。なぜ世田谷通り方面だと思い込んだのかが、そもそもわからないが、1回「世田谷通りだ」と思ってしまうとリセットできない、「違います」と言われて「わかりました」と答えても上書きされない、というその脳の状態に、「これ、アレな人だ」と、怖くなってしまったのだった。

ただし。ここまで書いた「アレな人」の定義をまとめると、普通に生活して、普通に仕事しているが、いったんこうだと思い込んだら絶対自説を曲げないし、人の話を聞かないし、理解しようとしない上に、入ってきた情報が自説と矛盾するものだった場合、その自説に沿うようにアクロバティックに曲解することで、「だから自説は正しい」ということにしてしまう人。

ということになる。どうでしょう。いまのSNSって、そんな人だらけですよね。

ただ、そんな人がうじゃうじゃいて体当たりして来る、ということ以上に怖いのは、自分もある局面ではそうなっている可能性がある、ということだ。自分はこうであったらいいなと願っている、その方向に沿う情報ばかり集めたり、そうじゃない情報は「裏がある」とか言って曲解したりしている自分に気がついたとき、そのように思う。

気をつけましょう。何に。いまのSNSって、そんなふうに誰もが「アレな人」と化す、それにガソリンを注ぐのに最適なツールである、ということにです。

何このまじめな終わり方。

コロナ以前と以後ではルールが違って当然！　男はみんなスペースローンウルフ。

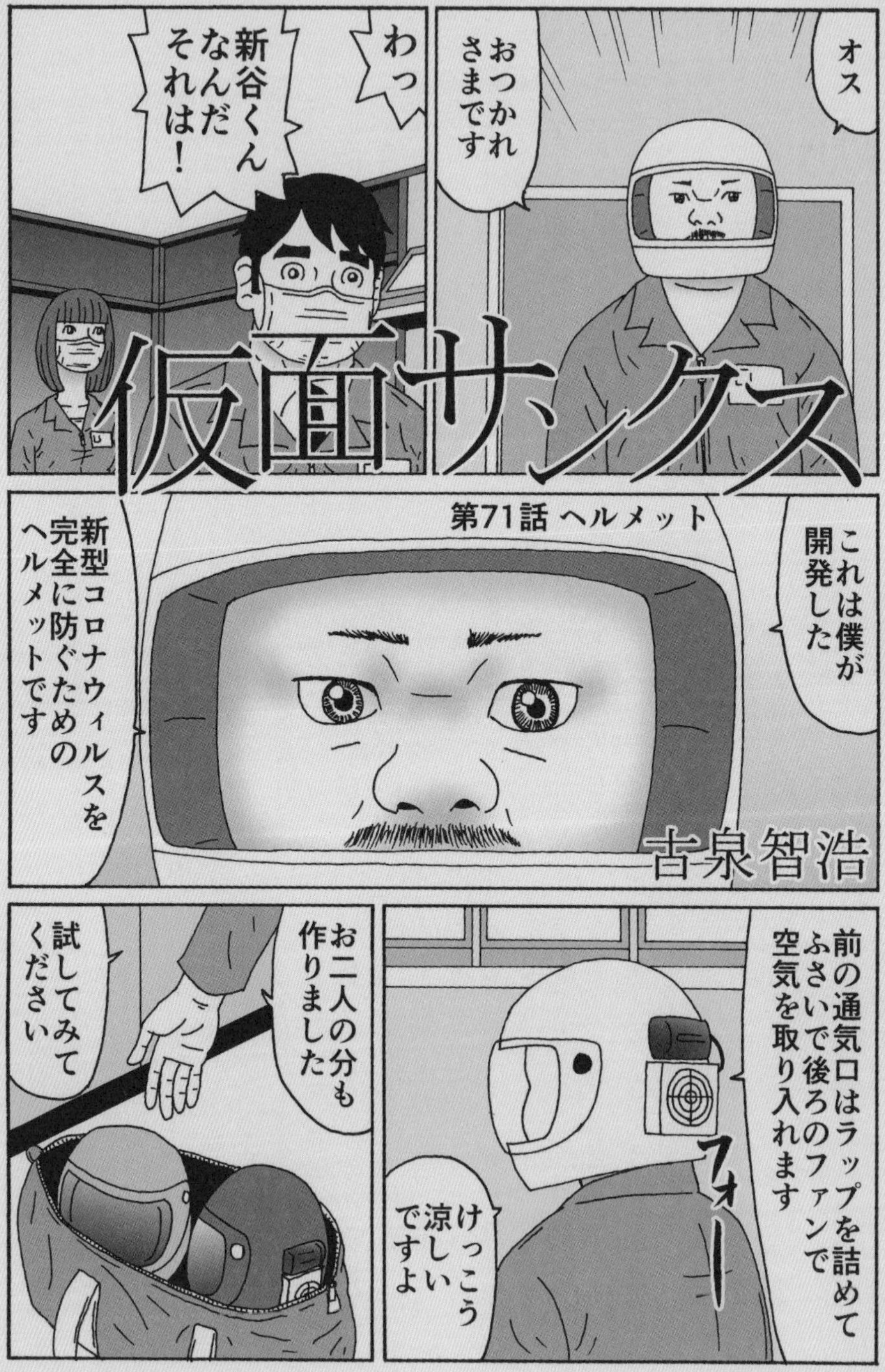

悪いけど
うちの店…
どこの店も
フルフェイス
入店禁止だぞ
店員が
決まり
破って
どうする
店長それは
コロナ以前に
できたルール
でしょ
これには人類の
存亡が掛かって
いるんですよ
人類？
何を言って
るんだ
いい
ですか
マスクなんか
してるから
いつまでたっても
コロナが無くなら
ないんです
みんながみんな
このヘルメットを
被れば
うつさないし
うつらない
コロナは無くなります
こんなビニールも
いらないんです
分かり
ます？

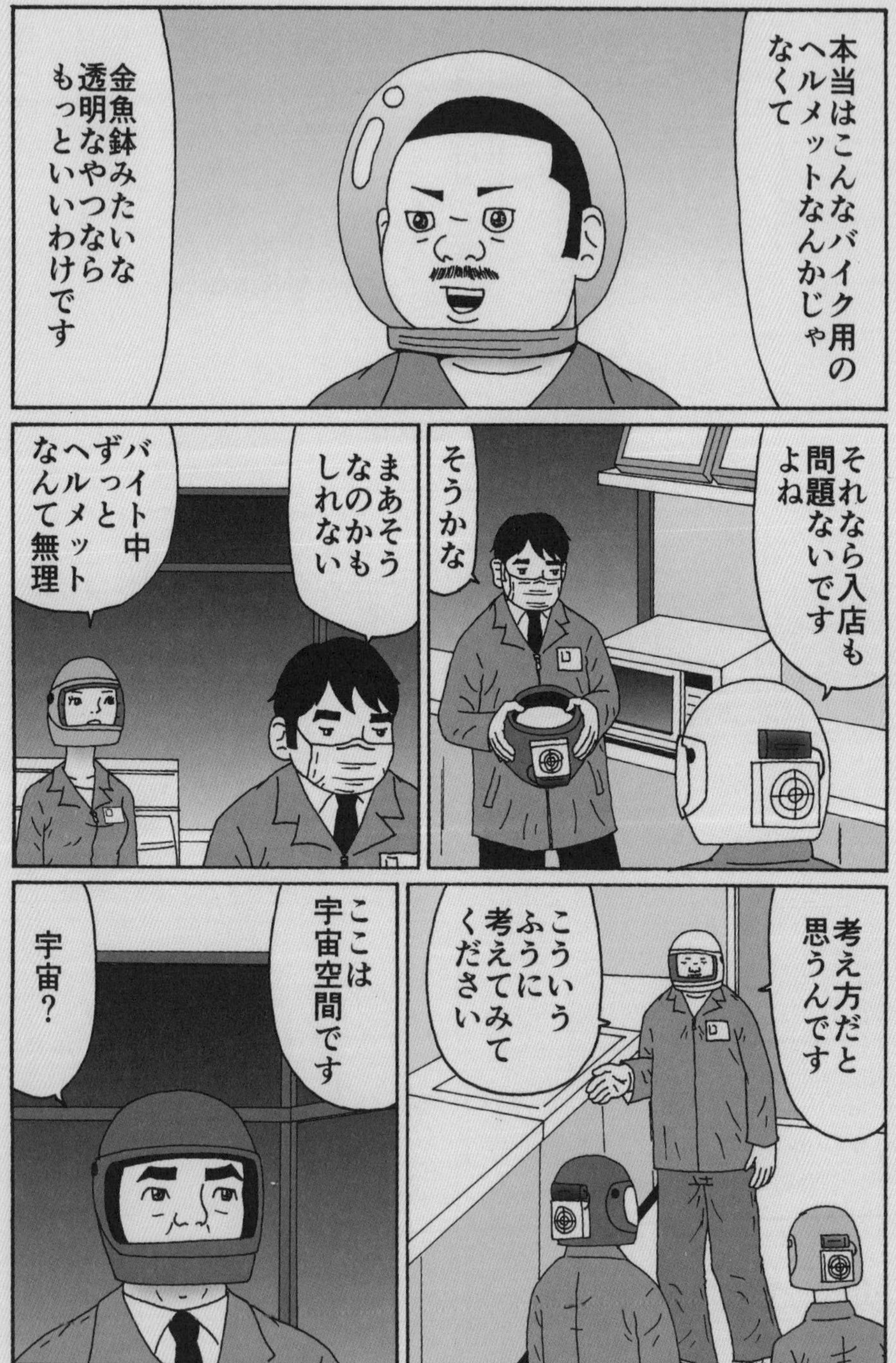
本当はこんなバイク用のヘルメットなんかじゃなくて
金魚鉢みたいな透明なやつならもっといいわけです
それなら入店も問題ないですよね
そうかな
まあそうなのかもしれない
バイト中ずっとヘルメットなんて無理
考え方だと思うんです
こういうふうに考えてみてください
ここは宇宙空間です
宇宙？

そう ここは
真っ暗な 宇宙空間
ヘルメットが ないと死んで しまいます
ゆっくり すって
ゆっくり はいて
すーはー
すーはー
はい すって
ザー
わっ
いらっ しゃいませ
当店は新型コロナウィルス 対策でヘルメットを着用して 接客をさせていただいて おります

中邑真輔が秘密の会員制オンラインサロンを開設。その名も

SHINSUKE NAKAMURA SECRET

特報！

「いまはまさに時代の変わり目だから、新しいものが生まれるときかなと思っていて」

——先日、中邑さんが『SHINSUKE NAKAMURA SECRET』という会員制サロンをスタートして、ついついボクも会員登録をしてしまいましたが（笑）。日々の日記的なことをテキストや動画で配信していますね。

中邑 はい。始まりましたけど、いったいあのサロンでは何をするんでしょうかね？

——他人事！ のフリをして、意外とやる気満々でしょ？（笑）。

中邑 「もしかして俺、新しい友達とかできる可能性が…」と思ってドキドキしちゃってます（笑）。

——アハハハ。でも本当に友達ができたりしちゃうんでしょうね。

中邑 ただ、ボクはなぜか南米での人気が高いんですよ。ペルー、チリ、アルゼンチンとかのスペイン語圏の人たちからも人気があって、もし、その人たちが入会してくれたときにどうしたらいいのかな…って（笑）。英語ならどうにか説明したりしゃべったりすることはできるんですけど、スペイン語は発音がいいだけで長い言葉はしゃべれないので。まあ、今後いろんな言語が駆使できるようなシステムにできたら、かなり夢は広がりますよね。

——中邑さんはツイッター、フェイスブック、インスタグラムと、すでに各種SNSをやっていますけど、フォロワーさんとの対話とか相互の関係はほぼ築いてこなかったじゃないですか。

中邑 そうですね、常に一方的です。紙飛行機を飛ばして、どこに行ったのかも見ないっていうくらいの（笑）。

——そういうコミュニケーションを積極的にやってこなかった中邑真輔が会員制サロンをやるっていうのが新鮮で刺激的ですよね。

中邑 どんなペースで、どんなことを更新していくんでしょうかね？ ペース配分も考えないと（笑）。

——あまり無理をせず徐々に充実させていけばいいと思いますね。

中邑 ライブ配信とかもやりたいなとか思ってますけどね。

——おっ、いいじゃないですか、ライブ配信！ たとえばどんな？

聞き手：井上崇宏

中邑　Q&A？　料理教室とか？　サーフィン？　ドライブ？

――全部いいですね。

中邑　じゃあ、まずは飼っている犬と猫だけを撮った動画をまとめたYouTubeチャンネルを作って、「この子たちの飼い主のプライベートは……コチラ！」ってボクのサロンに誘導するとか。それじゃ誘導されないか（笑）。たとえば、こうして井上さんとしゃべってる内容とかをデータにしてアップしたりとか。

――肉声が聴けるし、文字に起こす手間が省けるのでよさそうですね（笑）。

中邑　あるいは、ボクが撮った旅の動画とかをただ流すだけじゃおもしろくないでしょうから、あとから自分でその旅の感想とか説明を声で乗せるとか。

――アフレコだ。

中邑　みなさんがそういう映像も観たいと思っていただけるのであれば。ボク、ほかのオンラインサロンで、中で何が行われているのかまったく知らないから、めちゃくちゃ間違ったことばっかり言ってたらごめんなさい（笑）。

――でも、逆にそれがいいのかなと思いますけどね。まず「オンラインサロンって何だ？」って話になりますけど、トップページに「ここでは、ビジネスに、勉学に、スポーツなどに有益になるような情報の提供はないかもしれません」と記載されているように、たしかに直接的にビジネスのメリットとなるような情報は、おそらくあそこにはないでしょう（笑）。

中邑　直接的には発信しないかもしれませんが、ここで繰り広げられる事象に対し、それぞれが自分で拡大解釈をし、ファンタジーフィルターを通せば、何かしらのメリットが生まれるかもしれないけど（笑）。

――中邑真輔を過大評価し、中邑真輔の言動を拡大解釈して（笑）。

中邑　ただ、インタラクティブに直接質問を投げてもらってそれに答えるとかはできるんじゃないかなと思いますし。

――だから、たぶん積極的に交流が図れるファンクラブですね、ここは。「SECRET」と名がついているように、シークレットな場で、シークレットな内容を共有して、楽しんでもらえたら最高ですよね。

中邑　「俺の秘密を知ったからには、みんなの秘密も話せ！」ってね（笑）。でも、マジでこういう雑談とかを音声でアップするのもありだよなあ。

――あっ、サロンの中でインタビューやりましょうか？　月1更新とかなら『KAMINOGE』クオリティのやつできますよ。『KAMINOGE』クオリティって、高いのか低いのかわかんないですけど（笑）。

中邑　ああ、ぜひ。いまはまさに時代の変わり目で、リアルとバーチャルの境目が確実に動いているんですよね。表現方法の多様化は表現者を変えていくし、新しいこと、新しいものが生まれるときかなと思っていて、だからやりたい、伝えたい、リアルの尊さを。なので、これまで自分の中ではないと思っていたコミュニケーションのあり方に飛び込みました。親友の辻くんと井上さんを道連れにして。

――中邑さんの大学時代のご学友だった辻さんも（笑）。いま、テレビディレクターをやられてるんですよね？

中邑　そうそう。まあ、ボク自身もいろいろ楽しみたいから、ちょっとがんばってみたいなと。中邑真輔がみなさんの人生の彩を増す、その一助となれば幸いです。

SINSUKE NAKAMURA SECRET

素顔の中邑真輔が
日々のあれこれを配信中!!
毎月『KAMINOGE』式
インタビューもやるぞ！

CAMPFIRE Community
(https://community.camp-fire.jp)にて［中邑真輔］で検索すると、
あっという間に
『SINSUKE NAKAMURA SECRET』
にたどり着きます。
会員のみが共有できるサロンの中身は、
絶対にSECRETがルールだそう。
いますぐチェックしてみてください！
※Facebook非公開グループにて
運営を行っているため、
参加にはFacebookのアカウントが
必要となります。

KAMINOGE No 106

次号 KAMINOGE107 は 2020 年 11 月 6 日（金）発売予定！

山本は見た！ 五木田智央には最敬礼！
これが格差社会だ……!!

2020 年 10 月 19 日
初版第 1 刷発行

発行人
後尾和男

制作
玄文社

編集
有限会社ペールワンズ
（『KAMINOGE』編集部）
〒 154-0003
東京都世田谷区上馬 1-33-3
KAMIUMA PLACE 106

WRITE AND WRITE
井上崇宏
堀江ガンツ

編集協力
佐藤篤
村上陽子

デザイン
高梨仁史

表紙デザイン
井口弘史

カメラマン
タイコウクニヨシ
橋詰大地

編者
KAMINOGE 編集部

発行所
玄文社
［本社］
〒 107-0052
東京都港区高輪 4-8-11-306
［事業所］
東京都新宿区水道町 2-15
新灯ビル
TEL:03-6867-0202
FAX:048-525-6747

印刷・製本
新灯印刷株式会社

本文用紙：
OK アドニスラフ W A/T 46.5kg